本书得到潍坊学院博士科研基金项目(2016BS06)资助

资源整合视角下
官产学研三螺旋关系

庄 涛 ◎著

中国社会科学出版社

图书在版编目（CIP）数据

资源整合视角下官产学研三螺旋关系/庄涛著．—北京：中国社会科学出版社，2018.2
ISBN 978 – 7 – 5203 – 0793 – 2

Ⅰ.①资…　Ⅱ.①庄…　Ⅲ.①产学研一体化—研究—中国
Ⅳ.①G640

中国版本图书馆 CIP 数据核字（2017）第 187860 号

出 版 人	赵剑英
责任编辑	卢小生
责任校对	周晓东
责任印制	王　超

出　　版	中国社会科学出版社
社　　址	北京鼓楼西大街甲 158 号
邮　　编	100720
网　　址	http://www.csspw.cn
发 行 部	010 – 84083685
门 市 部	010 – 84029450
经　　销	新华书店及其他书店
印　　刷	北京明恒达印务有限公司
装　　订	廊坊市广阳区广增装订厂
版　　次	2018 年 2 月第 1 版
印　　次	2018 年 2 月第 1 次印刷
开　　本	710×1000　1/16
印　　张	14.5
插　　页	2
字　　数	209 千字
定　　价	60.00 元

凡购买中国社会科学出版社图书，如有质量问题请与本社营销中心联系调换
电话：010 – 84083683

摘　　要

在当今知识经济快速发展的时代，新知识、新技术的产生和应用成为推动经济发展的主要因素，科技创新被看成是经济持续发展的动力。随着竞争的不断加剧和知识经济的深入，科技创新日益表现出多领域、多机构、多地区融合的特征，创新所需知识和技术日益增多，创新过程趋于复杂，依靠企业、大学或者政府一方的力量难以实现科技的重大突破，因此，协同创新成为推动科技进步的重要手段。中国的产学研合作经过20多年的发展与实践，取得了一定成效，但依然存在着诸如协同创新整体水平不高、创新竞争力不强、经济与科技发展不协调、科技创新效率较低、政府在协同创新中的作用与定位不明确等诸多问题。因此，对协同创新体系中大学、企业、政府之间的互动关系进行研究，探寻中国官产学研协同创新的实践路径具有重要的理论和现实意义。

诞生于20世纪后期的三螺旋理论认为，在创新中大学、企业和政府相互补充、密切协作，且角色相互渗透，三者的交叠是创新系统的核心，该理论为知识经济形势下协同创新的研究提供了理论基础。三条螺旋在自身进化和协同进化过程中螺旋上升，其根本途径是各方资源的共享、扩散与整合。由于官产学研各方资源复杂不一，需要在特定区域、空间和时间范围内，合理、科学、有效地配置资源各要素，促进创新资源的流动与扩散，并能够被创新主体迅速消化、吸收，产生整体涌现性和聚合能动效应。各方资源要素在协同创新过程中动态调节、相互作用、相互补充，从而提高创新资源使用效率，推动科技进步与经济社会持续、协调发展。因此，从资源整合的视角对三螺旋关系进行研究，找到全面整合大学、企业、政府等各方科技创新资源的解决方案，将丰富三螺旋理论框架和体系，对推动官产学研协同创新的实践提供借鉴。

现有对该领域的研究主要集中在三螺旋的理论内涵、模型解构、主体特征、运行体制与机制、作用机理等方面，未见有研究文献从资源整合视角来研究三螺旋关系。同时，西方学者大多从发达国家的立场来对三螺旋理论进行研究，然而，作为新兴经济体的中国具有独特的情境特征。三螺旋理论能否适应中国情境？如何通过修正和完善三螺旋模型来指导中国的创新实践？在三螺旋演进过程中来自各方主体的创新资源又是如何扩散与整合的？在当前全球一体化的背景下，中国的三螺旋主体在国际合作创新中的表现如何？三螺旋关系与协同创新效率之间又有怎样的联系？

针对以上研究问题，本书将从以下五个方面展开研究，主要工作如下：

第一，三螺旋动态整合机制理论模型构建。在对三螺旋、资源整合、国家创新体系、协同创新等相关理论进行系统阐述的基础上，将资源整合理论引入到三螺旋协同创新的研究中，构建起三螺旋动态整合机制的研究框架，通过对其动力机制、风险机制的研究来诠释资源整合对三螺旋创新系统提升的内在作用。提出适合中国情境的三螺旋模型，并对其主体特征及典型案例进行深入探讨，寻求中国三螺旋创新系统快速提升的实践路径。

第二，对中国官产学三螺旋关系进行实证研究。运用三螺旋算法测度中国三螺旋主体在创新中协同的紧密程度及资源整合程度，探索评价资源整合程度与协同创新关系的新方法，进而提出对中国情境下三螺旋模型进行修正和完善的对策建议。

第三，对中国官产学研协同创新四维关系进行实证研究。构建包括中国官产学研在内的四维协同创新模型，通过三螺旋算法的拓展，对四维合作主体在协同创新中的互动协同关系与发展态势进行研究，为完善发展中国三螺旋模型提供借鉴，为实施官产学研协同创新、建设创新型国家提供决策依据。

第四，对中国官产学在参与国际合作中的关系进行实证研究。构建包括中国大学、企业、政府和国外机构在内的四维模型，用互信息来考察四维合作主体间的紧密程度与发展态势，揭示出三螺旋各方主体在参与国际合作中的互动关系与整体表现，为政府制定国际合作政策和企业国际化实践提供参考。

第五，通过对官产学研协同创新效率及其影响因素的实证研究，找到提高协同创新效率的关键因素以及三螺旋持续上升的内在动力。在合理构建创新投入与产出指标体系的基础上，运用数据包络方法衡量高技术产业不同行业的协同创新效率，再应用回归方法从三螺旋视角考察创新效率的影响因素。从而揭示出官产学研协同创新效率的行业特征和发展态势，并提出提高三螺旋协同创新效率的对策建议。

关键词：三螺旋　资源整合　协同创新　官产学研合作　创新效率

目　录

第一章　绪论

第一节　研究背景

在当今知识经济快速发展的时代，新知识和新技术的产生、扩散和应用成为推动经济发展的重要因素，科技创新被看成是推动经济与社会发展的动力。随着知识经济的不断深入，科技创新日益表现出多领域、多机构、多地区融合的特征，创新所需知识和技术日益增多，创新过程趋于复杂，依靠企业、大学或者政府一方的力量难以实现科技的重大突破，因此，协同创新成为推动科技进步的重要手段。

自20世纪80年代以来，大学、企业和政府（又称"官产学"）三方在创新中的协作与互动关系开始受到国际社会的普遍关注，各国学者针对这一领域的问题展开了广泛的研究。1995年，由美国学者埃茨科威茨（Etzkowitz）和荷兰学者莱特·雷德斯道夫（Loet Leydesdorff）提出了用以分析在知识经济时代官产学之间新型互动关系的三螺旋理论。该理论认为，官产学三方在创新过程中紧密协作、互动补充，每一方都表现出另外两方的一些功能，同时又保持自己独立的身份，强调三者角色的相互渗透，偏离自身角色越多的组织就越能够成为创新系统的组织者和领导者。官产学的交叠部分构成了创新系统的核心，三方互动，使知识转化为生产力，推动创新螺旋不断上升。

在 20 世纪末到 21 世纪初的 20 年里，世界各国为了推动本国的科技发展与社会进步，相继兴起了构建以"官产学研三螺旋协同创新"为核心的"国家创新体系"建设的热潮。[①] 三螺旋协同创新对国家、区域和企业的创新能力具有重要的推动作用。[②] 在国家层面，20 世纪六七十年代美国政府组织了 2 万多家企业、200 多所大学和 80 多个研究机构共同研究，成功地实施了"阿波罗"载人登月计划。在区域层面，20 世纪 50 年代，美国斯坦福大学为了实现知识和技术的快速转化，创办了世界上第一个大学科技园"斯坦福研究园"，后来发展成为全球知名的信息工业基地"硅谷"，这也开创了大学、企业与地方经济协调发展的区域创新模式。在企业层面，有研究表明，企业通过与大学和政府的合作，可以充分利用大学的人才与科技优势、政府的政策与资金优势，实现科学研究与技术创新的有效融合，提高了科技创新效率。

三螺旋理论为平衡官产学三方在协同创新中的地位与作用奠定了理论基础，强调三者之间平等互动、紧密联系的合作关系。但对于如何找到合作各方的利益诉求点、激发合作热情、建立有效的关系联结、提高合作创新效率等问题却难以解决。而实现合作各方科技资源的有效整合为解决上述问题提供了一条重要途径。由于官产学研各方资源复杂不一，需要在特定区域、空间和时间范围内，合理、科学、有效地配置资源各要素，促进创新资源的流动与扩散，并能够被创新主体迅速消化、吸收，产生整体涌现性和聚合能动效应。各方资源要素在协同创新过程中动态调节、相互作用、相互补充，从而提高创新资源使用效率，推动科技进步和社会经济持续、协调发展。资源整合是对不同来源、不同结构、不同层次、不同内容的资源进行识别与分类、吸收与配置、激活与融合，使之具有较

---

① 马飞虹：《官产学合作创新系统建模与仿真方法研究（上）》，《计算机仿真》2012 年第 9 期。

② 原长弘、章芬、姚建军、孙会娟：《政产学研用协同创新与企业竞争力提升》，《科研管理》2015 年第 12 期。

强的系统性、价值性和可利用性，并激发出其创新能力的复杂动态
过程。① 资源基础观认为，如果企业获得了稀缺的、有价值的、难
以模仿以及难以替代的资源，就会拥有核心竞争优势的潜力。企业
要想在激烈市场竞争中取得优势地位，就要对所获得的内部和外部
创新资源进行有效整合。近几年来，有关如何有效整合各方创新主
体的科技资源、提高合作创新效率等方面的研究逐渐受到国内外诸
多学者的关注。伊丽莎白（Elizabeth）等认为，资源整合应该从企
业与外界的互动性方面进行考量，企业自身所拥有的创新资源是较
为有限的，只有加强与外界的联系，吸收利用其他创新主体如大
学、政府提供的资源，才能有效地进行资源整合。② 张公一和孙晓
欧认为，科技资源整合过程与整合能力通过扩散效应对企业创新绩
效的提升有显著的促进作用。③ 因此，在当前知识经济形势下，从
资源整合的视角对国家创新体系中的重要主体大学、企业和政府之
间的关系进行研究，可以找到全面整合官产学各方科技创新资源的
解决方案，为推动协同创新体系的发展打下基础。

中国政府历来十分重视产学研合作领域的发展，自 1992 年 4 月
原国家经贸委、教育部、中国科学院共同组织实施"产学研联合开
发工程"以来，产学研合作在国家创新体系中的作用日益凸显。党
的十八大报告也指出，要深化科技体制改革，推动科技和经济紧密
结合，加快建设国家创新体系，着力构建以企业为主体、市场为导
向、产学研相结合的技术创新体系。十八届三中全会《关于全面深
化改革的决定》又明确提出了建立产学研协同创新的机制。然而，
传统的产学研合作创新过程中往往遇到诸如创新成果难以转化、融
资渠道不畅、各方利益难以协调、创新效率低下等问题，迫切需要

---

① 董保宝、葛宝山、王侃：《资源整合过程、动态能力与竞争优势：机理与路径》，
《管理世界》2011 年第 3 期。

② Furukawa, T., Shirakawa, N., Okuwada, K., "Quantitative analysis of collaborative and mobility networks", *Scientometrics*, Vol. 87, No. 3, 2011, pp. 451–466.

③ 张建新、孙树栋：《产学研合作过程中的风险研究》，《经济纵横》2010 年第 6 期。

政府、科技中介、金融机构等创新主体的共同参与。① 而三螺旋理论为解决上述问题提供了理论依据，因此，中国产学研合作形式也开始逐渐向"三螺旋协同创新"演变。

在2015年的政府工作报告中提出"互联网＋"行动计划，强调互联网、云计算、大数据、物联网等新兴产业与传统产业的融合发展。以互联网为核心的信息经济中，更加注重各个行业、机构、区域在创新中的融合与协同，因此，新形势下官产学研（即"政府、企业、大学和科研机构"的简称）协同创新成为驱动经济增长的关键因素。经过20多年的发展与实践，中国的协同创新体系已取得了明显成效，但是，与发达国家相比，由于起步晚、基础薄弱，还存在着以下问题：

一　中国的创新竞争力不强，官产学研协同创新整体水平不高

世界经济论坛（WEF）发布的《2014—2015年全球竞争力报告》显示，中国全球竞争力排在第28位，比2013—2014年度上升了1位，不过中国在金融市场发展、科技创新和市场效率三个单项领域的排名有所下降，这直接影响到中国的整体竞争力。中国正在成为更具创新性的新兴经济体，但还不是创新强国。与官产学研协同创新相关的指标包括研究机构的质量、公司的研发投入、产学合作研发、科学家和工程师的数量、每百万人中专利合作协议，中国分别排在第44位、第24位、第35位、第46位和第38位。可以发现，中国的官产学研协同创新指标排名普遍滞后于全球竞争力的排名。其中，官产学研研发投入滞后于企业研发投入，说明企业对协同创新重视还不够。在一些重大的前沿科技领域，中国的创新主体所掌握的核心技术较少，主要依赖于技术引进，为此，中国企业每年都要支付大量的专利和技术转让费用。

二　经济与科技发展不协调，科技创新效率不高

2015年中国GDP总量达68.9万亿元，为世界第二大经济体，

① 高霞：《我国产学研协同创新的研究脉络与现状评述》，《科学管理研究》2014年第5期。

同比增长 6.9%，虽然增速为 25 年来新低，但是，在世界范围内仍然是较高的经济增长速度。在科技创新领域，一方面中国的科技投入、发表的国际论文和申请的专利数量快速增长，已跃居世界前列；另一方面，科技成果转化率较低，未能实现通过科技创新驱动经济的发展。因此，中国经济的快速发展与低效的科技创新水平形成了鲜明的对比。据统计，目前我国的科技成果转化率约为 25%，能够实现技术产业化的不足 5%，科学发展与技术进步对经济增长的贡献率不足 40%（发达国家达 60%）。[1] 因此，提高中国的科技成果转化率与创新效率成为保障经济社会可持续发展的内在要求。

三　政府在协同创新中的作用不可或缺，但在市场竞争机制的基础上，政府如何有效地发挥作用以及如何处理政府与市场的关系尚不明确

在过去很长一段时间内，过分强调产学研之间的合作，而忽视了政府在创新中的作用。要解决政府在科技创新过程中"缺位"和"越位"的问题，需要借鉴国外先进的创新理论，结合中国当前的创新实践，明确界定政府在协同创新中的角色定位与参与方式，以消除协同创新中的体制机制障碍，通过官产学研各方形成的合力来带动中国三螺旋协同创新体系的整体提升。

因此，提高中国的创新竞争力与科技创新效率成为经济社会可持续发展的迫切要求，而协同创新与资源整合为上述问题的解决提供了一条可行路径，这也成为本书研究的切入点。

第二节　研究目的与意义

目前，官产学研协同创新水平不高是造成中国创新竞争力落后的重要原因，官产学研关系相对疏散，各方资源得不到有效利用，

---

[1]　何郁冰：《产学研协同创新的理论模式》，《科学学研究》2012 年第 2 期。

无法形成创新的合力，因此，本书的研究目的与意义主要有以下几个方面：

第一，将三螺旋理论与资源整合理论结合起来，通过构建三螺旋动态整合机制模型来对协同创新的能力与效率进行考察，从资源整合的视角，展开对官产学研协同创新的研究，进一步拓展和完善三螺旋理论体系。目前来看，对三螺旋的研究多集中在平台设计、合作模式、政策机制以及对国外经验的介绍等方面，没有见到从资源整合视角诠释官产学研协同创新的成果。但是，官产学研协同创新的实质是资源的分配与协调问题。实践中，官产学研各方拥有的资源种类不一，各自的归属权限不一，利益问题导致很难由一个利益主体整合各方的资源。资源整合是协同创新中战略管理提升的手段，大学与研究机构拥有科技、人才资源，企业拥有市场、资金资源，政府依靠法律法规决定着宏观政策环境。通过对大学、企业、政府等协同创新主体的科技资源进行有效的识别与归类、匹配与有机融合，使其具有较强的柔性、条理性、系统性和价值性。在系统研究资源整合理论和三螺旋理论的基础上构建出三螺旋动态整合机制模型。

第二，探讨三螺旋理论在中国的适应性。通过深入剖析中国三螺旋主体的特征及资源整合现状，提出中国情境下的三螺旋模型，探索提高中国协同创新能力的方法与路径。由于三螺旋理论诞生于西方发达国家，是在发达国家成功经验基础上总结而来的，是否适用于中国这样的发展中国家，如何用三螺旋理论指导中国的创新实践，是本书要解决的问题。由于中国的市场经济是在原有的计划经济体制下发展、演化而来，当前的市场机制还不完善，不能有效地发挥作用。政府在组织创新方面还缺乏经验，在创新中的作用与定位不够准确；大学与地方政府和企业关系疏远，中国的绝大部分大学是政府公办，有很高的行政级别，不愿主动地与地方政府和企业加强联系，造成了科技成果转化率低的问题；中国企业的核心技术创新能力不足，大多停留在劳动密集型、低附加值的加工制造阶段。这些三螺旋主体的特征与发达国家有较大差别，因此，构建适合于中国情境的三螺旋模型，对提高中国的创新竞争力有重要的现实意义。

第三，通过考察中国三螺旋国际合作的开展情况，探索中国三螺旋协同创新主体参与国际合作、提高国际竞争力的实现路径。在当前经济一体化和技术国际化的时代，跨地区和跨国界的科技合作日趋频繁，中国作为快速发展的新兴经济体国家在国际科技合作中的作用不容忽视。通过用互信息来测度大学、企业、政府和国际合作四维主体合作的紧密程度，探索性地分析大学、企业、政府之间的互动关系以及各方参与国际合作的基本表现与特征，从而揭示中国官产学研国际化合作的发展态势，为政府制定国际合作政策和企业国际化实践提供参考。

第四，通过对官产学研协同创新效率及其影响因素的研究，找到提高协同创新效率的关键因素以及三螺旋持续上升的内在动力。在当前中国创新资源匮乏的情境下，资源整合能力与协同创新效率成为区域核心竞争力的集中体现，因此，提高创新效率对于中国协同创新体系的构建和创新能力的提升具有重要的意义。通过实证研究计算出中国高技术产业官产学研合作过程各要素投入与产出之间的转化效率，并进一步分析影响创新效率的关键因素，从而揭示出官产学研协同创新效率的行业特征和发展态势，并提出提高三螺旋协同创新效率的对策建议。

第三节 研究内容与结构安排

在科技快速发展、知识经济日益深入的背景下，市场竞争日趋激烈，中国经济持续高速发展，而中国的自主创新能力较弱、创新效率不高，中国对于协同创新体系的构建与完善、创新效率的提升有着迫切需求。本书从资源整合视角研究三螺旋创新主体之间的互动关系，致力于建构适合中国情境的官产学研协同创新体系，为理顺官产学在协同创新中的关系，提高创新效率提供理论指导。本书研究框架结构如图 1 - 1 所示。

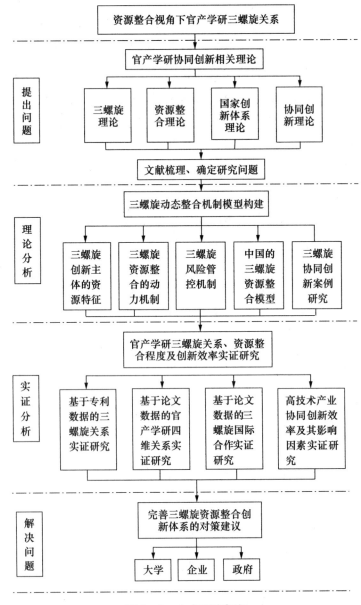

图 1 - 1　本书研究框架

第一章结合当前三螺旋理论的发展现状以及中国协同创新实践中遇到的问题，简要地介绍了本书的研究背景、研究目的与意义、研究内容、研究方法以及主要创新点。

第二章对三螺旋、资源整合、国家创新体系、协同创新等相关理论进行系统阐述，对相关的文献进行梳理和归纳，厘清理论发展的脉络，把握当前国内外的研究现状，提出当前研究的欠缺之处。

第三章将三螺旋理论与资源整合理论整合到一个框架下，深入剖析三螺旋创新主体中各方所拥有的科技资源。在此基础上对三螺旋资源整合动力机制、风险机制和中国情境下三螺旋模型及其典型案例进行深入探讨，找到实现三螺旋快速上升的内在动力，诠释三螺旋协同创新中资源整合对创新能力提升的内在作用。

第四章以专利数据为依据，运用三螺旋定量算法，从时间序列和行业领域两个维度对中国大学、企业和政府在创新过程中协同的紧密程度进行测定，并提出评价资源整合程度与协同创新关系的新方法。

第五章构建包括中国官产学研在内的四维协同创新模型，通过三螺旋算法的拓展，运用 SCI 论文数据对四维合作主体间的紧密程度与协同关系进行研究，分析出中国政府、企业、大学、研究机构在协同创新中的互动关系与发展态势，为完善发展中国三螺旋模型提供借鉴，为实施官产学研协同创新、建设创新型国家提供决策依据。

第六章以 SCI 论文数据为依据，建立包括大学、企业、政府和国际合作在内的四维合作模型，用互信息来测度四维合作主体间的紧密程度与发展态势，从而揭示出三螺旋各方主体在参与国际合作中的互动关系与整体表现。

第七章以中国高技术产业各行业数据为依据，在合理构建创新投入与产出指标体系的基础上，运用数据包络方法衡量高技术产业不同行业的官产学研协同创新效率，再应用回归方法从三螺旋视角考察创新效率的影响因素。从而揭示出中国高技术产业官产学研协同创新效率的变化趋势与行业特征，并找到影响创新效率的显著因素。

第八章总结本书的研究结论，提炼研究成果，对三螺旋理论研究存在的尚未解决的问题进行说明，并展望未来研究的方向。

第四节　研究方法

本书以三螺旋理论、资源整合理论、国家创新体系理论和协同创新理论为基础及支撑，综合运用创新经济学、协同学、制度经济学、信息论等学科的基本思想，建构研究资源整合视角下三螺旋关系的基本框架。在科学的定性分析基础上，进行规范的定量研究，展现了三螺旋理论和资源整合理论对官产学研关系的解释力，同时三螺旋关系的形成与发展又进一步丰富了相关理论体系的内涵，实现理论与实践的相互印证，相得益彰。具体研究方法包括定性与定量研究两大类。

一　定性研究

（一）文献研究法

主要通过国内外文献研究和综述，总结三螺旋理论、资源整合研究的现状，并就两种跨领域理论之间的内在联系进行综述，通过分析现有研究的贡献与不足，为本书分析框架的构建以及后续研究打下基础。

（二）理论研究法

在现状研究的基础上，找到大学、企业和政府三方短期与长期共同利益价值的诉求点，构建动态整合机制的理论模型。

（三）案例分析法

三螺旋在国内外已经出现了适合当地实际情况的成功案例，中关村的官产学研协同创新已有20多年的经验，通过对中关村案例的深入分析，试图从中获得启示，提供参考。

（四）比较研究法

运用比较研究法对各行业官产学研协同创新效率进行分析比较，提出提高协同创新效率的对策建议，进而达到完善理论、提高实践效率的目的。

二 定量研究

（一）数据挖掘法

利用中国国家知识产权局专利检索数据库（SIPO）、美国专利商标局专利数据库（USPTO）和科学网（Web of Science）数据库，从海量的数据中筛选出符合条件的申请专利与发表论文数据，并对原始数据进行关联分析、特异分析等处理，从而得到实证研究所需数据。

（二）三螺旋算法

运用三螺旋（TH）算法，以申请专利和发表论文数量为基础，根据信息论中熵的概念来度量官产学研协同创新中各个利益主体合作的紧密程度，提出衡量效果的新标准。

（三）数据包络法

采用 DEA 方法中投入导向规模报酬可变的 BCC 模型，合理选择官产学研协同创新的投入产出指标，对模型求解，得到各行业官产学研协同创新的效率值。

（四）回归分析法

以官产学研协同创新效率值作为因变量，以协同创新效率的影响因素作为自变量建立 Tobit 回归模型，提出研究假设，并对研究假设进行检验。

第五节 主要创新点

本书从资源整合视角对官产学研三螺旋关系进行重新解构与研究，以期对中国国内国际官产学研合作紧密程度与资源整合程度进行全面分析，对协同创新效率及其影响因素进行更为深入的研究和探讨，找到三螺旋创新系统上升的内在动力。为此，本书在如下几个方面做了创新性工作：

第一，构建全新的三螺旋动态整合机制模型，将资源整合理论与三螺旋理论整合到一个研究框架下，从资源整合的视角对官产学研三螺旋关系进行研究。并运用该模型分析三螺旋资源整合的动力机制、风险机制，揭示资源整合在官产学研协同创新中的重要作用，找出创新系统螺旋上升的内在动力。深入探讨三螺旋理论在中国的适应性，通过剖析中国三螺旋主体的特征及资源整合现状，对模型进行修正与完善，提出中国情境下的三螺旋模型，探索提高中国协同创新能力的方法与路径。

第二，运用三螺旋理论分析中国官产学研国际合作，并对三螺旋定量算法进行创新，建立包括中国大学、企业、政府和国外机构在内的四维合作模型，用互信息来测度四维合作主体间的紧密程度与协同关系。随着全球一体化时代的到来，国际科技合作已成为推动科学创新和技术进步的重要途径。通过对中国大学、企业、政府等各方参与国际科技合作的细化分析与测度，揭示出中国官产学研各方参与国际科技合作的紧密程度、发展态势以及三螺旋动态关系，进一步丰富了三螺旋理论体系的形成。进而为完善中国三螺旋模型的发展提供借鉴，为政府制定国际合作政策和企业国际化实践提供参考。

第三，构建官产学研协同创新效率评价指标体系，并从三螺旋理论的独特视角分析影响协同创新效率的关键因素。在合理选取投入产出指标的基础上，基于 DEA 方法测度中国高技术产业官产学研协同创新效率，揭示出协同创新效率在时间和行业维度上的特征与差异；从三螺旋理论的视角对官产学研协同创新效率的影响因素提出研究假设，并运用 Tobit 回归方法进行检验，揭示出影响协同创新效率的关键因素，找到提升资源配置效率的实践路径。

第二章　相关理论研究综述

第一节　三螺旋理论

三螺旋理论由美国学者亨利·埃茨科威茨（Henry Etzkowitz）和荷兰学者勒特·雷德斯道夫于 1995 年提出，迅速得到国际学术界的广泛关注，逐步发展成为创新体系研究中的新范式。[①] 该理论强调大学、企业、政府在创新过程中的协同与互动，创新资源在三者之间既有横向的流动与扩散，又有纵向的整合与提升，其本质是通过增强三者之间有效互动形成的合力来促进创新资源的不断整合和创新系统的螺旋上升。[②] 三螺旋理论不刻意强调哪一方是创新的主体，大学、企业、政府中的任何一方都可以在创新中扮演组织者或参与者的角色。[③④⑤] 在不同的国家和不同的历史时期，起主导作用

[①] Leydesdorff, L., Meyer, M., "A reply to Etzkowitz' comments to Leydesdorff and Martin (2010): Technology transfer and the end of the Bayh – Dole effect", *Scientometrics*, Vol. 97, No. 3, 2013, pp. 927 – 934.

[②] 王向华:《基于三螺旋理论的区域智力资本协同创新机制研究》，博士学位论文，天津大学，2012 年，第 219 页。

[③] 徐辉、王正青:《大学—产业—政府的三重螺旋：内涵、层次与大学的变革》，《西南大学学报》（社会科学版）2007 年第 5 期。

[④] Leydesdorff, L., "The university – industry knowledge relationship: Analyzing patents and the science base of technologies", *Journal of the American Society for Information Science and Technology*, Vol. 55, No. 11, 2004, pp. 991 – 1001.

[⑤] Leydesdorff, Etzkowitz, "The Triple Helix – University – Industry – Government Relations: A Laboratory for Knowledge Based Economic Development", *EASST Review*, No. 14, 1995, pp. 14 – 19.

的创新主体也不同。三螺旋理论认为,大学、企业、政府在创新中角色相互转换与渗透,三方重叠的领域构成了区域、国家及跨国创新系统的核心。① 当今世界,随着知识经济的崛起与"工业4.0"时代的到来,科学发展与技术进步在促进经济与社会发展方面发挥着越来越重要的作用。② 当前中国正在实施以科技创新为核心的创新驱动战略,三螺旋理论为此提供了一个科学有效的分析方法,通过增强大学、企业和政府之间的有效互动来实现创新系统的不断演化和升级,从而促进经济社会的可持续发展。

一 三螺旋理论的提出背景

三螺旋模型最初是受到生物学领域脱氧核糖核酸(DNA)结构的启发而提出的。1952年,美国著名化学家莱纳斯·鲍林和罗伯特·科里认为,DNA分子是由三条链缠绕在一起组成的一种螺旋状结构。1953年4月,美国生物学家詹姆斯·杜威·沃森(James Dewey Watson)和弗朗西斯·哈里·康普顿·克里克(Francis Harry Compton Crick)经过大量实验,提出了DNA分子结构的双螺旋模型,后来这个结论被学术界普遍认可,由于他们在这方面的杰出研究而获得1962年的诺贝尔生物学或医学奖。双螺旋结构中的两条螺旋在环境中互补存在,是一种相对稳定的结构,而三螺旋的结构更为复杂,增加的一条螺旋给系统带来了不确定性,导致自组织性与稳定性的降低,并可能引发各种混乱行为的出现。③

后来,有学者通过三螺旋模型对化学和生物学领域中的复杂转型过程进行研究。美国哈佛大学遗传学家理查德·莱万廷(Richard

---

① Leydesdorff, L., Kushnir, D., Rafols, I., "Interactive overlay maps for US patent (USPTO) data based on International Patent Classification (IPC)", *Scientometrics*, Vol. 98, No. 3, 2014, pp. 1583 – 1599.

② Leydesdorff Loet, "The Triple Helix, Quadruple Helix, …, and an N – Tuple of Helices: Explanatory Models for Analyzing the Knowledge – Based Economy?" *Journal of the Knowledge Economy*, Vol. 3, No. 1, 2012.

③ Sun, Y., Negishi, M., "Measuring the Relationships Among University, Industry and Other Sectors in Japan's National Innovation System: A Comparison of New Approaches with Mutual Information Indicators", *Scientometrics*, Vol. 82, No. 3, 2010, pp. 677 – 685.

Lewontin）在这一领域的研究最为深入，他在著作《三螺旋：基因、生物体和环境》中用三螺旋模型来隐喻模式化基因、生物体和环境之间的关系。他认为，基因、生物体和环境三者之间互为因果关系，生物体在环境中既通过改变自身的特征来适应环境，同时也影响和改变着它们的环境，而环境是在生物体的影响下不断变化与演进。生物体的这种适应与改变环境的能力写入了基因，基因的变异又导致了生物体外在特征的变化，因此，基因、生物体和环境三者之间没有固定的前因后果关系，而是像三条螺旋状的绳子缠绕在一起，在相互作用和影响下共同进化。[①]

　　随着知识经济的兴起，知识的生产、扩散打破了组织与机构的边界，使得创新主体呈现出更多的动态集成性特征，传统的国家创新系统理论已经难以对这种以知识为基础的创新系统中各要素的复杂关系进行有效阐释，从而催生了新的创新理论。[②] 在这种背景下，美国纽约州立大学普切斯分校社会科学部教授亨瑞·埃茨科威茨和荷兰阿姆斯特丹大学的科学与技术动力学系教授勒特·雷德斯道夫引入三螺旋模型来分析大学、企业、政府在创新中的互动关系。[③] 1995 年，埃茨科威茨教授和雷德斯道夫教授合著了《大学和全球知识经济：大学—产业—政府关系的三螺旋》一书，由荷兰阿姆斯特丹大学出版社出版。[④] 同年，他们又在欧洲科学和技术研究协会主办的杂志 *EASST Review* 上发表论文《三螺旋——大学、产业、政府关

---

① 方卫华：《创新研究的三螺旋模型：概念、结构和公共政策含义》，《自然辩证法研究》2003 年第 11 期。

② 冯楚建、蒋艳辉：《引入"在线社会网络"的三重螺旋创新系统模型研究》，《科研管理》2014 年第 11 期。

③ Leydesdorff, L. , Sun, Y. , "National and International Dimensions of the Triple Helix in Japan：University – Industry – Government Versus International Coauthorship Relations", *Journal of the American Society for Information Science and Technology*, Vol. 60, No. 4, 2009, pp. 778 – 788.

④ Li, J. T. , "Global R&D Alliances in China：Collaborations with Universities and Research Institutes", *Ieee Transactions On Engineering Management*, Vol. 57, No. 1, 2010, pp. 78 – 87.

系：以知识为基础的经济发展实验室》，引起了各国学者的广泛关注，这标志着三螺旋理论的诞生。[①] 此后，三螺旋理论被看成是创新理论研究中的一个重要分支，其主要思想是大学、企业、政府在创新中相互协作、角色相互渗透与转换，通过三方资源的充分共享与整合，来提高资源利用效率与协同创新效率。[②]

当代大学使命发生的重大转变是三螺旋理论产生的社会背景。大学诞生于12世纪的欧洲，在800多年的发展历程中，其历史使命发生了两次重大变革。[③] 第一次变革发生在19世纪的中叶，大学由原来的通过教学实现人才培养的使命延展到教学和科研的双重使命，在人才培养的同时实现知识的生产与传播。随着大学推动科学发展能力的增强，在20世纪中期，大学的使命发生了第二次变革，在教学和科研功能的基础上又增加了服务经济与社会功能。[④] 这一使命的出现，使大学在经济与社会发展中的地位与作用迅速提升，也为创业型大学的产生提供了前提和基础。[⑤] 麻省理工学院和斯坦福大学通过大学科技园、孵化器、技术转移办公室等机构与产业界和区域政府频繁互动[⑥]，通过协同创新促进了经济社会发展，标志着创业型大学的诞生。20世纪80年代，随着知识经济的形成和发展，作为创新活动源头的大学成为科技创新行为的重要组织者和主

---

① Li, J. T., "Global R&D Alliances in China: Collaborations with Universities and Research Institutes", *Ieee Transactions On Engineering Management*, Vol. 57, No. 1, 2010, pp. 78 – 87.

② 陈红喜：《基于三螺旋理论的政产学研合作模式与机制研究》，《科技进步与对策》2009年第24期。

③ 周春彦、亨利·埃茨科威茨：《三螺旋创新模式的理论探讨》，《东北大学学报》（社会科学版）2008年第4期。

④ 王向华：《基于三螺旋理论的区域智力资本协同创新机制研究》，博士学位论文，天津大学，2012年，第219页。

⑤ Salomon, R., Jin, B., "Does knowledge spill to leaders or laggards? Exploring industry heterogeneity in learning by exporting", *Journal of International Business Studies*, Vol. 39, No. 1, 2008, pp. 132 – 150.

⑥ Zhang, Y., Zhou, X., Porter, A. L., Gomila, J. M. V., Yan, A., "Triple Helix innovation in China's dye – sensitized solar cell industry: hybrid methods with semantic TRIZ and technology roadmapping", *Scientometrics*, Vol. 99, No. 1, 2014, pp. 55 – 75.

体，大学不仅为创新发展提供了必要的知识、智力和人才基础，而且还直接参与科技成果转化、技术创新、产业升级、产品研发等创新活动。① 通过增强大学、企业和政府三者之间的有效互动实现创新系统的不断演化和升级，从而促进经济社会的可持续发展。因而大学使命的转变和创业型大学的产生在三螺旋的形成中起着十分重要的作用，是三螺旋理论产生和发展的助推器。

二　三螺旋理论的内涵与演进

（一）三螺旋理论的内涵

三螺旋模型由大学、企业和政府三种类型的机构所构成，且三者的角色相互渗透，偏离自身传统角色越多的组织就越能够成为创新的主体，其核心意义在于将具有不同价值体系的大学、企业和政府统一起来，通过增强三者之间有效互动形成的合力来实现创新系统的不断演化和升级，从而促进经济社会的可持续发展。② 在一定条件下，大学可以扮演企业的角色，帮助其在创新过程中开发新产品、开拓市场，从而形成衍生企业③；政府一方面通过法律保障、政策引导表现出对大学和研究机构的激励，另一方面超出了公共管理的职能，通过直接投资、主持科技园区建设等方式向企业的角色转变，更加注重科技和资本的积累，来支持企业的发展；而企业也开始通过开展高水平的科学研究或创新人才培训来扮演大学的角色。④ 此外，还存在着促进三方进行交互的接口组织，如科技中介、孵化器、科技园、技术转移办公室等。

---

① 马永斌、王孙禺：《浅谈大学、政府和企业三者间关系研究》，《清华大学教育研究》2007 年第 5 期。

② Leydesdorff, L., Meyer, M., "A reply to Etzkowitz' comments to Leydesdorff and Martin (2010): technology transfer and the end of the Bayh – Dole effect", *Scientometrics*, Vol. 97, No. 3, 2013, pp. 927 – 934.

③ Leydesdorff, L., "The mutual information of university – industry – government relations: An indicator of the Triple Helix dynamics", *Scientometrics*, Vol. 58, No. 2, 2003, pp. 445 – 467.

④ 李华晶、王睿：《知识创新系统对我国大学衍生企业的影响——基于三螺旋模型的解释性案例研究》，《科学管理研究》2011 年第 1 期。

　　三螺旋理论认为，以大学、企业和政府为代表的三种力量在创新中通过紧密交叉与融合，来带动创新系统的不断演进与提升，不刻意强调哪一方是创新的主体，大学、企业和政府三方都可以是创新中的组织者和领导者。[①] 在创新的不同阶段其主体在三者之间动态变化，三条螺旋在互动融合中呈现上升的发展态势，推动协同创新的深入开展以及经济社会的可持续发展。[②] 在这个过程中，三方各自独立起作用，但又相互协作、相互补充，构成螺旋上升的形态，促进科技与经济社会的快速发展。[③] 如图 2-1 所示。

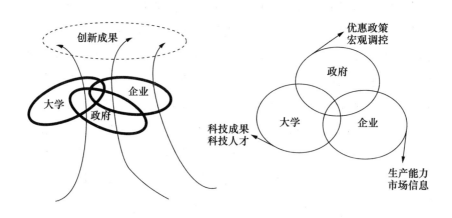

图 2-1　三螺旋结构

（二）三螺旋模型的历史演进

　　创新系统的演化路径是由大学、企业和政府之间的协同与互动关系所决定的，由于世界上各个国家和地区的制度、经济、文化背景不同，其创新系统虽然都包括大学、企业和政府三个主体，但主

---

　　① 周春彦、亨利·埃茨科威茨：《三螺旋创新模式的理论探讨》，《东北大学学报》（社会科学版）2008 年第 4 期。

　　② Leydesdorff, Etzkowitz, "Can 'the Public' be considered as a fourth helix in university - industry - government relations? report of the fourth triple helix conference", *Science and Public Policy*, Vol. 30, No. 1, 2003, pp. 55 -61.

　　③ 亨利·埃茨科威茨：《三螺旋：大学、产业、政府三元一体的创新模式》，周春彦译，东方出版社 2005 年版。

体间的内在结构却有较大不同。① 三螺旋理论根据不同国家、不同时期的制度安排，提出了结构不同的三种关系模型。

第一种是"国家社会主义模型"，简称为三螺旋Ⅰ（见图 2 - 2）。在这种模型中，政府处于主导地位，并操控着企业和大学，企业和大学在创新活动中的行为受到政府的控制和安排，其自主创新的空间非常有限。② 苏联、部分东欧国家以及计划经济体制下的中国是这种模型的典型代表。该模型缺乏对创新活动的激励机制，并抑制创新主体间的思想碰撞和沟通交流，特别是大学和企业的创新活动得不到有效激励，随着知识经济的到来，这种模式的弊端越来越明显。

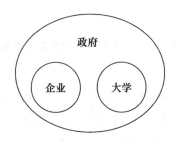

图 2 - 2　三螺旋Ⅰ：国家社会主义模型

第二种是"自由放任模型"，简称三螺旋Ⅱ（见图 2 - 3）。这一模型中，大学、企业和政府之间的界限非常明显，在创新过程中，三方创新主体按照各自领域的思维孤立地开展创新活动，缺乏相互之间资源与信息的共享与有效融合。这种模式起源于创新机构彼此独立、功能相互分离的美国。20 世纪 60 年代以前，美国在创新资

---

① Leydesdorff, L., Ivanova, I. A., "Mutual Redundancies in Interhuman Communication Systems: Steps toward a Calculus of Processing Meaning", *Journal of the Association for Information Science and Technology*, Vol. 65, No. 2, 2014, pp. 386 - 399.

② 王向华：《基于三螺旋理论的区域智力资本协同创新机制研究》，博士学位论文，天津大学，2012 年，第 219 页。

源配置中过分依赖于市场，认为市场机制可以协调好各创新要素之间的关系，强调创新主体的自由发展；大学只进行基础性研究和培养创新人才，政府则只在"市场失灵"的情况下起作用。[①] 20 世纪前期，信奉学术自由的英国以及著名的《瑞典 2000 研究报告》可视为"自由放任模式"的典型代表。

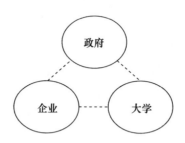

图 2 - 3 三螺旋 Ⅱ：自由放任模型

第三种是"重叠模型"，简称三螺旋Ⅲ，也是最高级的模型，当前所指的三螺旋通常就是这种模型（见图 2 - 4）。这一模型中，大学、企业、政府不仅两两互动，还出现了三方角色重叠的区域，在其交界面上生成了三边网络和混生机构。[②] 这表明大学、企业、政府除行使各自的传统职能外，还担负着其他创新主体的一些职能。[③] 例如，大学在完成传统的人才培养和开展科学研究功能之外，还可以利用自己的科研成果创办大学衍生企业，同时也可以通过提供公共服务来扮演政府的角色；政府可以通过直接投资和改善经营环境来支持企业的发展，同时对大学和研究机构进行项目资助；企

---

① 王向华：《基于三螺旋理论的区域智力资本协同创新机制研究》，博士学位论文，天津大学，2012 年，第 219 页。

② 徐辉、王正青：《大学—产业—政府的三重螺旋：内涵、层次与大学的变革》，《西南大学学报》（社会科学版）2007 年第 5 期。

③ Shapiro, "The triple helix paradigm in Korea: A test for new forms of capital", *International Journal of Technology Management and Sustainable Development*, No. 3, 2007, pp. 171 - 191.

业可以利用自身掌握的市场信息，协助政府规划行业或区域发展战略，同时还可以开展高水平的科学研究和人才培训。[①]

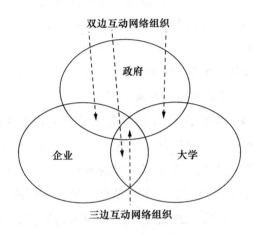

图 2 - 4　三螺旋Ⅲ：重叠模式

　　三螺旋Ⅰ在一定程度上被认为是一个不成功的模型，创新活动过分依赖"自上而下"的形式，政府依靠其掌握的创新资源来操控创新活动，大学与企业内部的创新行为也受到政府干预与控制，在大政府、小企业及小大学的背景下，企业和大学在创新活动中没有自主权，难以有效促进科技资源的共享与融合。[②] 三螺旋Ⅱ中政府对企业与大学的创新活动采取放任自由的政策，政府、企业、大学三者分工明确，互不干涉，自行发展。但是，由于创新活动具有正的外部性，创新资源与信息在创新主体间的流动与融合有益于创新活动的产生和创新效率的提高，因此，在这种模型下系统整体的创新效率不高。各类创新机构的最终目标是要实现三螺旋Ⅲ，在三螺旋Ⅲ的模型中，大学、企业和政府三方在创新活动中相互协作、角

---

　　① 林学军：《基于三重螺旋创新理论模型的创新体系研究》，博士学位论文，暨南大学，2010年，第189页。

　　② 同上。

色渗透、资源互补，在自身得到快速发展的同时带动了创新系统的整体提升。[①] 并且在创新活动的交界面上产生了混合型组织和机构，比如，大学衍生公司、大学科技园、政府投资的创新园区、企业投资创办的大学等，这些以知识为基础、协同为路径的混生组织成为创新系统的核心。[②]

三 三螺旋理论的研究现状

（一）国外三螺旋理论的发展

1995 年，埃茨科威茨和雷德斯道夫受到生物学领域 DNA 结构的启发，在弗里曼、纳尔逊等人的国家创新系统、Sabato 的"三元理论"的研究基础之上，提出了三螺旋理论。随后，两位学者在多篇论文中详细阐述和论证了三螺旋模型，世界各国的学者也对此产生了浓厚的兴趣，围绕三螺旋模型展开深入的探讨，三螺旋理论体系逐步建立起来。从 1996 年至今，已经成功地举办了十四届三螺旋国际会议，在国际上产生了很大影响（见表 2 - 1）。

表 2 - 1　　　　　　　　历届三螺旋国际会议

届次	时间	地点	主题
1	1996 年 1 月	荷兰阿姆斯特丹	大学—产业—政府关系
2	1998 年 1 月	美国纽约	官产学合作关系在未来研究中的定位
3	2000 年 4 月	巴西里约热内卢	无尽的转变：社会、经济和科学发展之间的关系
4	2002 年 11 月	丹麦哥本哈根瑞典德隆	打破边界与构建桥梁
5	2005 年 5 月	意大利都灵	从认知、社会、经济和文化方面看知识的资本化

---

① Strand, O., Leydesdorff, L., "Where is Synergy Indicated in the Norwegian Innovation system? Triple - Helix Relations Among Technology, Organization, and Geography", *Technological Forecasting and Social Change*, Vol. 80, No. 3, 2013, pp. 471 - 484.

② Petruzzelli, A. M., "The Impact of Technological Relatedness, Prior Ties, and Geographical Distance on University - industry Collaborations: A Joint - Patent Analysis", *Technovation*, Vol. 31, No. 7, 2011, pp. 309 - 319.

续表

届次	时间	地点	主题
6	2007 年 5 月	新加坡	新型的创业型大学
7	2009 年 6 月	英国格拉斯哥	三螺旋在全球创新体系中的作用：竞争还是持久？
8	2010 年 10 月	西班牙马德里	三螺旋在知识社会中的发展：扩展群体还是连接区域？
9	2011 年 7 月	美国加利福尼亚	硅谷：全球模式还是唯一特例？
10	2012 年 8 月	印度尼西亚万隆	新兴发展中国家的三螺旋模型：从概念到实现
11	2013 年 7 月	英国伦敦	在全球变化背景下三螺旋是持续还是改变？
12	2014 年 9 月	俄罗斯托木斯克	三螺旋作为经济和创新发展的核心：新的边界和解决方案
13	2015 年 8 月	中国北京	学术—产业—政府三螺旋模型——服务于正在崛起的发展中国家
14	2016 年 9 月	德国海德堡	全球及区域创新发展战略
15	2017 年 4 月	肯尼亚内罗毕	数据＋信息技术：加速可持续发展目标的实现

资料来源：三螺旋协会主页：http：//www.triplehelixassociation.org/conferences。

第一届三螺旋国际会议于 1996 年 1 月在荷兰阿姆斯特丹举行，由埃茨科威茨教授和雷德斯道夫教授等人发起，来自 30 个国家的 80 余位学者以及政府官员参加了会议。会议主题是"大学—产业—政府关系"。会议聚焦于在知识经济时代下，大学如何定位，官产学研各方创新主体如何共同营造良好的创新环境等问题。可以发现，世界上众多发达国家以及少数发展中国家，都开始重视大学、企业和政府在创新中的协作互动关系，以便更好地为经济社会发展服务。

第二届三螺旋国际会议于 1998 年 1 月在美国纽约州立大学普切斯（Purchase）分校举行，来自欧洲、亚洲、美洲 30 多个国家的

160 余名代表参加了会议。参会代表人数大幅增加，但来自的国家主要还是集中在欧美等发达国家。会议主题是"官产学合作关系在未来研究中的定位"。会议共收到了 90 余篇论文，在四天的会议议程中，各国学者分别从国际、国家、区域等层面深入探讨了大学、企业、政府关系在未来创新发展中的定位。

第三届三螺旋国际会议于 2000 年 4 月在巴西里约热内卢举行，会议主题是"无尽的转变：社会、经济和科学发展之间的关系"。会议着重讨论了在三螺旋模型下各个国家对创新理论、模型、实践的不同认识，深入分析了大学、企业、政府在创新中超越各自传统使命所扮演的新角色以及由此形成的双边和三边网络、混生组织等问题。[①]

第四届三螺旋国际会议于 2002 年 11 月在丹麦哥本哈根和瑞典德隆举行。这次会议由瑞典德隆大学的哥本哈根商学院和查尔莫斯理工大学联合举办，会议大部分时间在丹麦的哥本哈根举行，其中一天的日程安排在瑞典的德隆。会议主题是"打破边界与构建桥梁"。有意思的是，本次会议选择的地点有着特殊的象征意义，奥里萨德大桥连接了丹麦和瑞典两个国家，所在区域的科技与经济持续快速发展，这主要是得益于在创新中政府、企业和大学之间的紧密联系和跨国合作，这恰恰呼应了大会的主题，打破大学、企业和政府的边界，建立跨地区和国家边界的桥梁。[②] 会议深入探讨了科学与技术的联系、大学与企业的边界模糊化、知识网络组织、区域发展等相关的内容。

第五届三螺旋国际会议于 2005 年 5 月在意大利都灵举行，来自各大洲的 350 余位专家学者参加了本届会议。会议主题是"从认

---

① Leydesdorff, L., "The university – industry knowledge relationship: Analyzing patents and the science base of technologies", *Journal of the American Society for Information Science and Technology*, Vol. 55, No. 11, 2004, pp. 991 – 1001.

② 方卫华：《创新研究的三螺旋模型：概念、结构和公共政策含义》，《自然辩证法研究》2003 年第 11 期。

知、社会、经济和文化方面看知识的资本化"。与会学者通过交流三螺旋最新思想、研究方法和成果，以达到通过协同创新影响实践和政策制定的目的。

第六届三螺旋国际会议于 2007 年 5 月在新加坡举行，会议主题是"新型的创业型大学"。会议讨论了知识经济时代下，大学职能的转变，创业型大学的出现给创新活动带来的巨大变化。这也促进了大学在进行教学和科学研究的同时，更加重视知识的资本化和技术的产业化，最终形成由知识生产推动科技创新，进而促进经济社会快速发展的态势。

第七届三螺旋国际会议于 2009 年 6 月在英国格拉斯哥举行，从这次会议开始，以后每年举行一次三螺旋国际会议，说明三螺旋理论的研究进入了快速发展时期。本次会议主题是"三螺旋在全球创新体系中的作用：竞争还是持久？"在全球一体化和知识经济崛起的背景下，科技资源的共享与融合将促进创新体系的可持续发展。三螺旋上升的前提是创新思想的交流与碰撞，世界各国应该通过清除障碍，增强不同国家、行业、机构之间的互动与合作来共同应对 21 世纪的挑战。

第八届三螺旋国际会议于 2010 年 10 月在西班牙马德里举行，会议主题是"三螺旋在知识社会中的发展：扩展群体还是连接区域？"会议着重讨论了在知识经济背景下，城市及其连接区域在经济增长和社会发展中面临的机遇和挑战以及三螺旋与区域创新发展的关系。

第九届三螺旋国际会议于 2011 年 7 月在美国加利福尼亚举行，会议主题是"硅谷：全球模式还是唯一特例？"本次会议由位于美国硅谷的斯坦福大学人文科学与前沿技术研究所具体承办。硅谷是全球高科技创新的引领者，斯坦福大学被称为是硅谷的母校，也是创业大学的典型代表。有资料显示，硅谷公司的创业者、CEO 以及高管有百分之七八十都是斯坦福毕业的，因此本次会议在斯坦福举行有着特殊的意义。来自 40 多个国家的 250 位学者共同讨论了科学创新与技术进步之间的关系，旨在通过推动知识经济的发展为协同创新搭建桥梁。

第十届三螺旋国际会议于 2012 年 8 月在印度尼西亚万隆举行。会议主题是"新兴发展中国家的三螺旋模型：从概念到实现"。与会专家提出，随着知识经济的不断深入，发展中国家的大学在创新系统中的作用与地位应等同于企业和政府部门。在创新过程中更应该强调大学、企业、政府之间角色的相互转换，除了具备自身传统的功能外，还应具有其他创新主体的一些功能，以挖掘各自的创新潜力。

第十一届三螺旋国际会议于 2013 年 7 月在英国伦敦举行。会议主题是"在全球变化背景下三螺旋是持续还是改变？"当前全球经济面临着重大的挑战：失业、低速或停滞的经济增长、环境的恶化以及人类健康问题，这些问题都亟须世界各国的大学、企业和政府联起手来共同应对。因此与会专家从三螺旋视角讨论了大学、企业和政府如何形成合力化解危机。

第十二届三螺旋国际会议于 2014 年 9 月在俄罗斯托木斯克举行。会议主题是"三螺旋作为经济和创新发展的核心：新的边界和解决方案"，来自 29 个国家的 232 位学者参加了此次会议。会议致力于寻求促进全球经济增长新的源泉，要找到促进经济增长的根源需要一个完善的创新模型，这个模型能够指引我们在世界经济发展的新阶段实施创新政策。这个模型到底是创新生态系统、国家创新体系、开放式创新还是三螺旋理论，与会学者进行了激烈的争论。

第十三届三螺旋国际会议于 2015 年 8 月在中国北京举行，会议由清华大学技术创新研究中心和三螺旋协会联合主办，这是该会议首次在中国举办。会议主题是"学术—产业—政府三螺旋模型——服务于正在崛起的发展中国家"，来自中国、美国、英国、俄罗斯、日本、荷兰、韩国等十几个国家 70 多个机构的创新领域约 180 名学者参加了本次会议，清华技术创新研究中心主任、清华经管学院创新创业与战略系陈劲教授任大会主席。中国作为经济持续快速增长的发展中国家和新兴经济体来承办此次会议有着非常重要的意义，此次会议的召开将会促进三螺旋理论的中国化，并为中国的官产学研协同创新、建设创新型国家提供理论支撑和实践指导。

第十四届三螺旋国际会议于 2016 年 9 月在德国海德堡癌症研究中心举行，来自 32 个国家的近 200 名专家学者参加会议，会议主题是"全球及区域创新发展战略"，目的是应对全球生态挑战。此次会议特别关注自下而上的创新模式、社会创新及地方创新模式的探索。学者们就创新生态系统、区域创新战略、学术责任、知识传播、创新网络、社会创新以及研究性大学、创新创业型大学发展战略等主题进行了广泛深入的探讨与交流。

第十五届三螺旋国际会议于 2017 年 4 月在肯尼亚内罗毕举行，会议主题是"数据＋信息技术：加速可持续发展目标的实现"。这也是该会议首次在非洲大陆举行，必将促进发展中国家与发达国家在协同创新领域的融合发展。

从历届三螺旋国际会议主题以及提交的会议论文所涉及的研究内容来看，三螺旋理论的研究从最初的基本理论探讨、概念范畴、模型定义，逐步发展为实证研究、案例研究、算法应用，同时与全球或区域的经济社会热点问题相结合。[①] 自 2009 年起，三螺旋国际会议由每两年召开一次改为每年召开一次。早期的学者主要关注三螺旋理论提出的背景，确定研究范畴、研究方法，搭建理论模型和组织框架，并关注未来的发展趋势。[②] 近几年来，对该理论的研究侧重于实证研究与应用研究，包括发展计量算法、挖掘经典案例等，关注发展中国家和新兴经济体对该理论的实践，并与当前快速发展的信息技术相结合，综合运用在线社会网络、大数据、物联

---

① 范柏乃、余钧：《三重螺旋模型的理论构建、实证检验及修正路径》，《科学学研究》2014 年第 10 期。

② 亨利·埃茨科威茨：《创业型大学与创新的三螺旋模型》，王平聚、李平译，《科学学研究》2009 年第 4 期。

网、云计算等工具来挖掘模型的理论和现实意义①②③。

（二）国内三螺旋理论的研究现状

国内对三螺旋理论的研究比较有影响力的学者有周春彦、王成军、曾国屏和方卫华等。王成军（2005）的两部专著《三重螺旋：官产学伙伴关系研究》和《官产学三重螺旋研究：知识与选择》④⑤、周春彦（2005）对亨利·埃茨科威茨的著作进行翻译并出版《三螺旋：大学、产业、政府三元一体的创新模式》⑥、林学军（2010）的专著《基于三重螺旋创新理论模型的创新体系研究》⑦是对三螺旋理论较为深入系统的研究。

目前国内研究人员对三螺旋理论的探讨主要体现在以下六个方面：

1. 理论阐述与模型优化

2001年三螺旋创始人之一雷德斯道夫与曾国屏合作发表的论文首次在知识经济背景下对中国大学、产业、政府之间的关系进行了探讨⑧。方卫华（2003）系统地介绍三螺旋的起源与理论发展，讨论了模型的含义及主要结构类型，并与国家创新系统和其他创新理论进行比较，论述该理论在公共政策方面的实践指导意义。⑨ 国内

① Elizabeth Garnsey, Paul Heffernan, "Growth Setbacks in New Firms", *Futures*, Vol. 37, No. 7, 2005, pp. 675 – 697.

② Khan, G. F., Park, H. W., "Editorial: Triple Helix and innovation in Asia using scientometrics, webometrics, and informetrics", *Scientometrics*, Vol. 90, No. 1, 2012, pp. 1 – 7.

③ Zhang, Y., Zhou, X., Porter, A. L., Gomila, J. M. V., Yan, A., "Triple Helix innovation in China's dye – sensitized solar cell industry: hybrid methods with semantic TRIZ and technology roadmapping", *Scientometrics*, Vol. 99, No. 1, 2014, pp. 55 – 75.

④ 王成军：《三重螺旋：官产学伙伴关系研究》，浙江大学出版社2005年版。

⑤ 王成军：《官产学三重螺旋研究：知识与选择》，社会科学文献出版社2005年版。

⑥ 亨利·埃茨科威茨：《三螺旋：大学、产业、政府三元一体的创新模式》，周春彦译，东方出版社2005年版。

⑦ 林学军：《基于三重螺旋创新理论模型的创新体系研究》，暨南大学出版社2010年版。

⑧ Meyer, M., Grant, K., Morlacchi, P., Weckowska, D., "Triple Helix indicators as an emergent area of enquiry: A bibliometric perspective", *Scientometrics*, Vol. 99, No. 1, 2014, pp. 151 – 174.

⑨ 方卫华：《创新研究的三螺旋模型：概念、结构和公共政策含义》，《自然辩证法研究》2003年第11期。

学者对三螺旋理论进行深入系统的研究始于 2005 年。周春彦对埃茨科威茨的著作进行翻译并出版《三螺旋：大学、产业、政府三元一体的创新模式》一书，对三螺旋创新主体如何相互作用、区域创新动力进化机制以及测度指标体系建立等问题进行了详细论述。① 同年，王成军的两部专著针对三螺旋的产生、发展、应用计量以及未来展望进行了全面分析。此后，有关三螺旋理论的研究在国内逐渐升温。周春彦对三螺旋的生成原理、静态表现和动态演化特征进行了全面阐述，并与埃茨科威茨共同提出了作为传统三螺旋补充的可持续发展三螺旋，对第四维螺旋的存在性作了全面论证；提出了由阴、阳两副三螺旋构成的双三螺旋模型，公众、企业、政府构成抑制创新的阴三螺旋，大学、企业、政府构成促进创新活动的阳三螺旋，两副螺旋彼此互补，其冲突与协调促进了创新活动的稳定可持续发展。②③④ 王成军（2006）对三螺旋创新理论进行了知识集成和系统综述研究，并以三螺旋国际会议为主线研究了该理论的最新进展。⑤ 潘东华和尹大为（2009）认为，三螺旋模型中存在接口组织，并对接口组织在创新系统中的作用与地位、结构特征、机构演化及其促进三螺旋成果转化等问题进行了详细阐述。⑥ 黄涛（2013）认为，政治圈、学术圈和产业圈两两之间存在双向的六维渗透关系，通过促进并提升三者之间的有效互动来解决科研管理、市场体制和政府运转中存的若干问题。⑦ Xiao - Ping Lei（2012）等利用从美

---

① 亨利·埃茨科威茨：《三螺旋：大学、产业、政府三元一体的创新模式》，周春彦译，东方出版社 2005 年版。

② ［荷］劳埃特·雷德斯多夫、［英］马丁·迈耶尔：《三螺旋模式与知识经济》，周春彦译，《东北大学学报》（社会科学版）2010 年第 1 期。

③ 周春彦、亨利·埃茨科威茨：《三螺旋创新模式的理论探讨》，《东北大学学报》（社会科学版）2008 年第 4 期。

④ 周寄中：《科技资源论》，陕西人民教育出版社 1999 年版。

⑤ 王成军：《官产学三重螺旋创新系统模型研究》，《科学学研究》2006 年第 2 期。

⑥ 潘东华、尹大为：《三螺旋接口组织与创新机制》，《科研管理》2009 年第 1 期。

⑦ 黄涛：《论官产学三重逻辑的互动及政策启示》，《自然辩证法研究》2013 年第 9 期。

国专利和商标局得到的专利数据，分析了中国1976—2009年官产学合作的情况，并将1976—1986年的政府主导阶段、1987—1999年的自由松散阶段和2000—2009年的企业主导阶段分别对应于三螺旋模型的三种结构。杜勇宏（2015）认为，在基于三螺旋理论的创新生态系统中，相互平等的合作伙伴——政府、大学（研究机构）、产业（企业）之间日益增加的相互作用与融合导致三类主体在功能上实现部分重叠，加之相互合作产生的创新战略与创新实践，在科技服务业的推动下，与创新支持组织一起构成创新群落，实现创新驱动发展。[①]

2. 创新机制应用

涂俊和吴贵生（2006）论述了国内对三螺旋理论的研究进展和实践经验，提出在三螺旋模型中大学应承担更多的责任，通过官产学研合作来推动知识发展和技术进步。[②] 汤易兵（2007）在博士学位论文中构建了区域创新视角下大学、产业和政府之间关系的理论模型，并运用结构方程对我国区域创新产出的知识来源进行了实证研究。[③] 刘则渊和陈悦（2007）在赋予巴斯德象限新的内涵后，对基于知识生产的三螺旋创新模型的进行重构，并以此作为实现区域科技创新的重要路径，将三螺旋理论运用到了中国实践。[④] 栾春娟等（2008）在三螺旋视角下，通过对全球学术界专利产出情况的分析，发现中国大陆专利申请数量最多，但核心专利全部集中在美国，并提出大学需要和产业加强合作来提高专利质量。[⑤] 陈红喜（2009）提出，官产学合作创新应发展组建研发实体的高级模式，

---

① 杜勇宏：《基于三螺旋理论的创新生态系统》，《中国流通经济》2015年第1期。

② 涂俊、吴贵生：《三重螺旋模型及其在我国的应用初探》，《科研管理》2006年第3期。

③ 汤易兵：《区域创新视角的我国政府—产业—大学关系研究》，博士学位论文，浙江大学，2007年，第145页。

④ 刘则渊、陈悦：《新巴斯德象限：高科技政策的新范式》，《管理学报》2007年第3期。

⑤ 栾春娟、陈悦、刘则渊：《三螺旋创新模式下的全球学术界专利竞争》，《情报杂志》2008年第4期。

通过构建产业技术层面的战略合作、完善的知识产权管理制度，争取政府的参与和投入来实现官产学三螺旋协同创新的深入发展。① 吴玉鸣（2009）运用专利数据对官产学科技合作、知识溢出与区域创新产出之间的关系进行实证研究。② 李海波等（2010）以区域创新理论和三螺旋理论为基础，通过设计合理的指标体系对我国区域创新能力和绩效进行综合测度，为区域创新理论与实践探索提供了新的思路。③ 马飞虹（2012）综合运用复杂适应系统（Complex Adaptive System，CAS）理论、自组织理论和三螺旋创新理论，对官产学合作创新系统的概念模型、复杂性与其产生的机理、系统仿真模型进行了系统研究。④⑤ 邹波等（2013）提出三螺旋模型存在三种内在机制，即自反机制、集成机制和非线性机制，在实践层面上，通过三种机制的共同作用实现三螺旋创新主体大学、企业和政府在创新目标、组织结构和创新过程中的协同。⑥ 康健和胡祖光（2014）将三螺旋模型细化为"大学—政府—生产性服务业"和"大学—政府—制造业"两个并行的协同创新结构，构建区域产业协同创新能力与绩效评价模型，并结合实例对该模型的理论意义、应用范围和实践作用进行了阐述。⑦ 李小丽（2016）以三螺旋理论为基础，构建大学专利技术转移组织（TTO）的分析框架，从 TTO

---

① 陈红喜：《基于三螺旋理论的政产学研合作模式与机制研究》，《科技进步与对策》2009 年第 24 期。

② 吴玉鸣：《官产学 R&D 合作、知识溢出与区域专利创新产出》，《科学学研究》2009 年第 10 期。

③ 李海波、周春彦、李星洲、高晓瑾、张红波：《区域创新测度的新探索——三螺旋理论视角》，《科学与管理》2011 年第 6 期。

④ 马飞虹：《官产学合作创新系统建模与仿真方法研究（上）》，《计算机仿真》2012 年第 9 期。

⑤ 马飞虹：《官产学合作创新系统建模与仿真方法研究（下）》，《计算机仿真》2012 年第 10 期。

⑥ 邹波、郭峰、王晓红、张巍：《三螺旋协同创新的机制与路径》，《自然辩证法研究》2013 年第 7 期。

⑦ 康健、胡祖光：《基于区域产业互动的三螺旋协同创新能力评价研究》，《科研管理》2014 年第 5 期。

内部和三螺旋环境外部两个子系统探讨三螺旋和大学专利技术转移组织各自形成的机理,通过它们之间交互关系来研究大学专利技术转移组织的构建。① 胡曙虹等(2016)认为,硅谷创新体系的形成是各种创新主体、要素与创新环境良性互动的结果,其中,世界一流的研究型大学、"引擎"企业、奋发有为的政府是硅谷形成的主要驱动因素,密集的风险投资、大量的专业性服务机构、各种行业协会和非正式社交网络为重要的支撑要素并催化各类创新活动的产生,完善的创新基础设施和开放包容的文化环境孕育了硅谷持续创新的土壤。②

3. 三螺旋与创业型大学研究

张铁男和陈娟(2011)通过对中国大学科技园孵化模式的分析,发现通过增强官产学之间的有效互动和资源共享可以实现孵化活动的链条式发展,从而促进区域创新水平的提高和可持续发展。③ 李华晶和王睿(2011)通过对中国三个典型大学衍生企业的案例研究发现,大学的科技研发实力是衍生企业发展的必要条件,衍生企业母体大学的科研实力和政府在知识创新系统中的投入直接影响了衍生企业的创新竞争力和可持续发展能力。④ 饶凯等(2012)从三螺旋视角分析了政府研发投入对大学技术转移合同的影响,研究发现,政府科技经费投入显著地促进了区域大学技术转移合同数量和收入两方面的增长,国家科技支撑计划、国家自然科学基金项目也是大学技术转移合同增长的促进因素,政府在三螺旋模型中扮演着

---

① 李小丽:《三螺旋模式下大学专利技术转移组织构建的理论框架分析》,《自然辩证法通讯》2016年第1期。

② 胡曙虹、黄丽、杜德斌:《全球科技创新中心建构的实践——基于三螺旋和创新生态系统视角的分析:以硅谷为例》,《上海经济研究》2016年第3期。

③ 张铁南、陈娟:《基于螺旋型的大学科技园孵化模式研究》,《情报杂志》2011年第2期。

④ 李华晶、王睿:《知识创新系统对我国大学衍生企业的影响——基于三螺旋模型的解释性案例研究》,《科学管理研究》2011年第1期。

重要的角色。[①] 孟卫东和佟林杰（2014）发现，政府和企业提供的外部资金对大学创新绩效有显著的促进作用。[②] 何郁冰和丁佳敏（2015）运用生态系统思想，提出了创业型大学构建创业教育生态系统（EEE）的基本框架，对比分析了国外三所著名高校（美国斯坦福大学、德国慕尼黑工业大学和新加坡南洋理工大学）在建设创业型大学中构建创业教育生态系统的做法及经验，进而提出相关的政策建议。[③] 王海琴（2016）认为，尖塔战略是使斯坦福大学 20 世纪走出危机实现转型的科技发展战略，这一战略的核心思想是：集中力量发展少数能获取大量政府、企业资助的学科，使之形成拥有国际声誉的学科领域，在学术与经济目标之下，厘定了大学与政府、企业三螺旋关系的内涵及建设纲领。[④]

4. 三螺旋模型的计量研究

三螺旋模型通过大学、企业和政府三个创新主体的紧密合作和相互作用来促进知识的创造和技术的进步，如何利用三螺旋模型对创新系统进行识别和衡量，并预测科技创新和成果转化带来的效益，则需要定量化的指标和方法。三螺旋创始人之一雷德斯道夫提出的三螺旋算法（Triple Helix Algorithm，THA）得到了学术界的普遍认可。另外，社会网络分析、空间向量分析和专利分析等方法也被应用于三螺旋模型的计量研究上。王成军等（2006）对三螺旋算法进行推导和解释，并对该算法在国际上的发展和应用进行了纵向和横向研究，随后，通过对 SCI 2000 数据库进行数据挖掘，详细阐述了三螺旋算法下定量研究的规范方法，给出了三螺旋框架图谱和

---

① 饶凯、孟宪飞、Piccaluga Andrea：《政府研发投入对中国大学技术转移合同的影响——基于三螺旋理论的视角》，《科学学与科学技术管理》2012 年第 8 期。

② 孟卫东、佟林杰：《三螺旋视阈下外部资金对高校学术创新绩效影响因素的实证研究》，《中国科技论坛》2014 年第 3 期。

③ 何郁冰、丁佳敏：《创业型大学如何构建创业教育生态系统?》，《科学学研究》2015 年第 7 期。

④ 王海琴：《斯坦福大学尖塔战略对三螺旋问题的历史解答——在学术与经济二维目标视域下》，《自然辩证法研究》2016 年第 4 期。

计量研究的实现路径。①② 蔡翔和刘晓正（2012，2013）依据雷德斯道夫提出的三螺旋定量算法，运用数据挖掘方法分别得到 SCI 的引文数量、国家标准的起草制定以及国家级科研基金项目数据，对中国官产学合作创新的互动关系进行了时间序列的纵向研究和区域间的横向对比，是通过三螺旋计量研究指导中国科技创新实践的有益探索。③④⑤ 邹益民和张智雄（2013）对三螺旋计量研究的发展和实践进行了梳理，分别对互信息、φ 系数和偏相关、向量空间三类计量指标以及科学计量法、网络计量法、社会信息计量法三类计量方法进行了阐述和对比。⑥ 许侃和聂鸣（2013）、党蓓等（2014）依据三螺旋算法，以互信息为测度指标，分别应用 SCI 论文和专利数据对中韩两国的官产学合作关系进行了定量分析，结果表明，韩国的大学、产业、政府之间合作创新的互动关系比中国更为紧密。⑦⑧ 李培凤（2015）运用三螺旋互信息算法，以 SCI 论文数据为基础，从纵向时间维度，定量测度了中国大学与企业、政府研发机构之间跨界协同创新的耦合效应，并分析了其潜在的结构性问题。⑨ 董英南等（2016）以知识生产函数为基础，考察三螺旋创新模式下

---

① 王成军、黄宝东：《基于 SCI 2000 的官产学三重螺旋关系比较研究》，《科技进步与对策》2006 年第 2 期。

② 王成军、黄宝东、邱瑜：《基于网络计量的三重螺旋比较研究》，《技术与创新管理》2006 年第 3 期。

③ 蔡翔、刘晓正：《SCI 视角的官产学创新合作关系测度研究》，《中国科技论坛》2012 年第 8 期。

④ 蔡翔、刘晓正：《国家标准视角的官产学创新合作关系测度》，《华东经济管理》2012 年第 9 期。

⑤ 蔡翔、刘晓正：《官产学创新模式测度》，《科技进步与对策》2013 年第 5 期。

⑥ 邹益民、张智雄：《创新螺旋模型的计量研究与实践进展》，《情报杂志》2013 年第 4 期。

⑦ 党蓓、赵蕴华、赵志耘、郑佳：《基于专利的官产学合作关系测度研究——以中韩石墨烯领域为例》，《情报杂志》2014 年第 5 期。

⑧ 许侃、聂鸣：《互信息视角下的大学—产业—政府三螺旋关系：中韩比较研究》，《情报杂志》2013 年第 4 期。

⑨ 李培凤：《我国大学跨界协同创新的耦合效应研究——基于 SCI 合作论文的互信息计量》，《复旦教育论坛》2015 年第 2 期。

知识溢出的效果，实证研究结果表明，产学研协同创新是区域创新体系高效运作的重要环节，三螺旋创新模式可以精确描述高校—企业—政府的三维结构体系，其中，高校科研投入对知识溢出作用不显著，政府投资于企业的研发活动对知识溢出未发挥应有作用，企业和大学的合作对知识溢出作用显著。①

5. 三螺旋国际合作方面的研究

随着经济全球化和技术国际化时代的到来，国际科技合作已成为推动科技创新和技术进步的重要手段之一。刘伟等（2010）以清华大学对俄罗斯开展的国际技术转移为例，研究了国际科技合作的意义、模式以及研究型大学与国际技术转移之间的相互作用。② 刘娅（2011）通过对中国环境领域国际合著论文的生产能力、地域、机构、研究热点、发表期刊等方面的计量分析，揭示了中国环境领域国际科技合作的整体表现及合作网络的基本特征。③ 王鹏和张剑波（2013）研究了外商直接投资和官产学研合作对区域创新产生的影响，发现外商直接投资对新产品产出有明显的促进作用，而对专利产出的影响并不显著；官学合作、官研合作和产学合作对新产品和专利产出均存有明显的促进作用，而官产合作和产研合作对两类创新产出的促进作用并不明显。④ 张永凯和陈润羊（2013）分析了美国、日本、德国等科技强国在重视官产学研合作、推进国际科技合作以及引进海外科技人才等方面的科技政策，发现其呈现趋同趋势，并对中国的科技合作提出了政策建议。⑤

① 董英南、逯宇铎、刘大志：《三螺旋视阈下知识溢出效果研究》，《大连理工大学学报》（社会科学版）2016 年第 1 期。

② 刘伟、曹建国、吴荫芳：《搭建国际技术转移平台实践科技服务社会宗旨——清华大学对俄科技合作十年回眸与思考》，《研究与发展管理》2010 年第 2 期。

③ 刘娅：《从国际科技合著论文状况看中国环境领域国际科技合作态势》，《中国软科学》2011 年第 6 期。

④ 王鹏、张剑波：《外商直接投资、官产学研合作与区域创新产出——基于我国十三省市面板数据的实证研究》，《经济学家》2013 年第 1 期。

⑤ 张永凯、陈润羊：《世界科技强国科技政策的趋势及我国的应对策略》，《科技进步与对策》2013 年第 2 期。

6. 三螺旋协同创新效率方面的研究

彼得鲁泽利（Petruzzelli，2011）分析了12个国家的33所大学与企业合作情况，从技术相关性、以前合作关系和地理距离三个方面来衡量产学研合作的有效性。[①] 布林布尔等（Brimble，2007）研究了泰国四个行业的产学研合作创新效率，发现生物医药行业创新效率较高，而纺织行业因较少得到政府资助而导致合作创新效率不高。[②] 熊婵等（2014）应用基本 DEA 模型和改进 DEA 交叉效率排序模型对高科技创业企业的运营效率进行了研究。[③] 曹勇和苏凤娇（2012）应用皮尔逊（Pearson）和逐步回归分析方法，对中国高技术产业整体及其下属五个典型行业科技创新投入对创新绩效的影响机理进行了分析。[④] 肖丁丁和朱桂龙（2013）应用超越对数随机前沿模型对广东省 260 家合作企业的创新效率进行了测评。[⑤] 樊霞等（2012）[⑥]、陈光华等（2014）[⑦]、张煊等（2014）[⑧] 分别应用DEA - Tobit 两步法对中国产学研合作创新效率及其影响因素进行了研究。[⑨] 廖娟等（2015）以区域协同创新效率评价为研究对象，基于三螺旋

① Petruzzelli, A. M., "The Impact of Technological Relatedness, Prior ties, and Geographical Distance on University – Industry Collaborations: A Joint – Patent Analysis", *Technovation*, Vol. 31, No. 7, 2011, pp. 309 – 319.

② Brimble, P., Doner, R. F., "University – industry Linkages and Economic Development: The case of Thailand", *World Development*, Vol. 35, No. 6, 2007, pp. 1021 – 1036.

③ 熊婵、买忆媛、何晓斌、肖仁桥：《基于 DEA 方法的中国高科技创业企业运营效率研究》，《管理科学》2014 年第 2 期。

④ 曹勇、苏凤娇：《高技术产业技术创新投入对创新绩效影响的实证研究——基于全产业及其下属五大行业面板数据的比较分析》，《科研管理》2012 年第 9 期。

⑤ 肖丁丁、朱桂龙：《产学研合作创新效率及其影响因素的实证研究》，《科研管理》2013 年第 1 期。

⑥ 樊霞、赵丹萍、何悦：《企业产学研合作的创新效率及其影响因素研究》，《科研管理》2012 年第 2 期。

⑦ 陈光华、王建冬：《产学研合作创新效率分析及其影响因素研究》，《科学管理研究》2014 年第 2 期。

⑧ 张煊、孙跃：《产学研合作网络的创新效率研究——来自中国省域产学研合作的数据证明》，《山西财经大学学报》2014 年第 6 期。

⑨ 白俊红、江可申、李婧、李佳：《区域创新效率的环境影响因素分析——基于 DEA – Tobit 两步法的实证检验》，《研究与发展管理》2009 年第 2 期。

理论构建了区域协同创新效率的两阶段评价模型，运用超效率数据包络分析方法（SE – DEA）进行实证研究，分析了我国区域协同创新的现状和存在的问题。[①]

综上所述，三螺旋理论经过 20 年的发展，已形成了较为完善的理论体系。三螺旋理论是在知识经济背景下对创新理论的深化，是一种以多学科研究视角和研究深度见长的先进的创新理论。国内外的众多学者对三螺旋的理论内涵、模型解构、主体特征、运行体制与机制、作用机理等理论问题做了深入研究，同时通过丰富的实证研究验证了三螺旋对创新实践的解释力。尽管三螺旋相关理论和实证研究已经较为深入和丰富，但仍存在一些不足：一方面，三螺旋理论虽然解决了创新系统进化的动力问题，但对于如何促进创新系统内各资源要素的共生、扩散与整合等关键问题没有给出具体的实践路径；另一方面，由于三螺旋理论诞生于西方发达国家，在植入中国化的过程中应如何修正和完善，以及运用三螺旋理论如何解释中国在协同创新方面的实践缺乏系统研究。因此，本书在已有研究基础上，试图引入资源整合理论，通过创新资源在三螺旋系统中的流动与整合来寻求创新系统提升的实践方法，并结合中国情境与相关数据来对三螺旋理论的中国化进行系统研究。

第二节　资源整合理论

一　资源的内涵及特点

（一）资源的内涵

联合国环境规划署对资源的概念进行了阐述："所谓资源，是指在一定的外在环境和时期下，能够产生经济效益，对于推动人类

---

① 廖娟、付丙海、崔有祥、谢富纪：《基于三螺旋理论的区域协同创新效率评价研究》，《科技与经济》2015 年第 3 期。

经济与社会发展起到重要作用的各种要素和条件的集合"。马克思根据资源的属性将其分为自然资源和社会资源两种类型，并认为，资源是一个国家或地区所掌握的各种物资、人员、资金、政策等要素的集合。① 巴尼（Barney）认为，资源是一个企业所拥有和控制的并使其能够制定和执行战略以提升企业效率的所有资产、能力、组织流程、企业特性、信息及知识，并应当具备五个基本条件：有价值性、差异性、难以复制性、难以替代性以及自身价值高于其获取成本，这便构成了企业在竞争机制中所处的优势地位。② 资源基础观认为，如果企业获得了稀缺的、有价值的、难以模仿以及难以替代的资源，就会具有核心竞争力的优势。③

在工业社会中，以自然资源、物质资源和一般的人力资源等为要素的传统资源成为促进经济社会发展的关键因素，也是经济快速提升的动力源泉。然而，随着知识经济的不断深入，传统资源对现代经济发展的贡献逐步下降，经济增长日益以科学技术研究为基础，科技资源上升为决定经济社会发展的主导力量，并呈现边际收益递增、增长质量改善等经济特征，因此，科技资源的获取与合理配置是在当前知识经济社会中国家创新系统运行的核心动力。④

科技资源是创新机构在科学研究与技术开发过程中所拥有的各类要素的集合，是其他创新组织在一定时期内难以模仿和复制的资源，充分整合与有效利用科技资源可以产生新的产品和工艺，进而产生经济效益、推动经济发展。⑤ 周寄中认为，科技资源是从事科

① 李志远：《科技资源整合对企业创新绩效的影响机理研究》，博士学位论文，吉林大学，2012 年，第 118 页。

② Barney, "Firm Resources and Sustained Competitive Advantage", *Journal of Management*, Vol. 17, No. 1, 1991, pp. 99 – 120.

③ Brimble, P., Doner, R. F., "University – industry linkages and economic development: The case of Thailand", *World Development*, Vol. 35, No. 6, 2007, pp. 1021 – 1036.

④ Furukawa, T., Shirakawa, N., Okuwada, K., "Quantitative analysis of collaborative and mobility networks", *Scientometrics*, Vol. 87, No. 3, 2011, pp. 451 – 466.

⑤ 蔡莉、尹苗苗：《新创企业学习能力、资源整合方式对企业绩效的影响研究》，《管理世界》2009 年第 10 期。

学技术活动的物质基础，也是进行科技创新的前提条件，它是创造科技成果、推动整个经济和社会发展的优势要素集合。[①] 科技资源是科技人才、资金、设备、信息、市场、制度、组织等资源的集合，是由各种资源要素及其子要素通过彼此依赖、共同作用而形成的综合性系统。

（二）科技资源的特点

科技资源作为资源的一个子类，除具有一般资源所拥有的稀缺性、有价值性、难以复制性、难以替代性等特性之外，由于科技资源是创新系统的核心要素，因此，还具有其特有的属性：

1. 系统协同性

在以知识为基础的社会中，由于知识的相关性和对社会关系的依赖性，科技资源作为创新活动的物质基础具有支撑作用，因此科技创新需要多个领域、多个机构范畴的协同合作。各个不同机构范畴内的科技资源与其他自然资源和社会资源在一定时空条件下互动作用和补充，构成了彼此依赖、协同发展的创新系统，在协同创新过程中每一种要素都是系统的一个环节，任一个环节的缺失或破损，都有可能导致整个创新系统的不稳定。科技资源只有与自然资源、社会资源在自然生态系统和社会经济系统组成的大系统中有效协同，才能充分发挥出其应有的效能；科技资源内部的各类资源也只有在资源整合过程中有效协同，才能充分发挥各自的作用，从而提高整个系统的创新效率。[②]

2. 外部性

在当今世界经济全球化和技术国际化的背景下，科技资源摆脱了其他资源所受时间和空间上的束缚，而能够在更为广阔的范围内自由流动。拥有一定科技资源的创新机构在创新过程中对资源进行协调配置，通过溢出效应改变原有的科技资源形态，进而能够产生

---

① 周寄中：《科技资源论》，陕西人民教育出版社1999年版。
② 赵强、孙莹、尹永强：《科技资源整合与产学研合作问题研究》，东北大学出版社2014年版。

为各类创新机构带来利益的创新成果。由科技资源整合所创造出的创新成果具有非排他性特征,这种公共产品的属性决定了科技资源不能完全依据市场机制进行整合与调配,政府、大学等非营利机构的参与能够促进科技资源的扩散与整合。①

3. 区域差异性

尽管科技资源能够在不同的机构、不同区域间自由流动与扩散,但不同国家、地区的科技资源开发与配置效率还是有着较大的区别。中国科技资源配置现状仍然与发达国家存在着较大差距,国内不同省份之间科技资源建设也极不均衡。因此,应当充分考虑区域间科技资源的差异性与互补性,通过跨区域和跨机构的资源整合来促进科技资源的流动、提高科技创新效率。

4. 流动的高增值性

科技资源由于融入了更多的人类的智力因素,因而比一般资源拥有更多的社会属性。科技资源通过创新活动而产生的创新成果与效益经常会大大超过当初的科技投入,因而具有高增值性。这种高增长性往往是伴随着科技资源的流动而产生的。以科技信息资源为例,科技信息资源流动的过程实质上是价值的增长过程,其流动的高增值性为科技创新、经济社会的快速发展提供了保障和动力。通过科技信息资源的共享和流动,让更多的组织机构能够更为有效地利用科技信息资源,增强了资源的利用效率,科技信息资源本身的价值也随之提高。

5. 开发和影响的长效性

科技资源是科学研究和技术进步的生产要素集合,由于科学技术在时间上的继承性与空间上的积累性,无论是知识形态还是物质形态的科技成果,必然成为科技资源不可或缺的组成部分,其中,知识形态的科技资源尤其具有长效性。由于科学研究与技术进步往

---

① 肖敏:《创新型国家建设的 R&D 资源配置研究》,博士学位论文,上海交通大学,2010 年,第 162 页。

往都要经历一个长期的发展过程，从基础性科学研究到应用性研究，再到技术创新、产品创新，最终投放市场产生经济效益和社会效益，需要一个漫长的过程。科技资源一旦被开发出来，其影响是长远的，如一些科研成果，特别是基础领域的研究，对人类经济社会发展产生了深入、持久的影响。

二　资源整合的概念与原则

（一）资源整合的概念

资源依赖理论认为，任何组织和机构都要依赖外部环境才能生存，通过与外界的资源流动来满足自身的发展要求。在资源流动过程中，外部环境拥有关键性的稀缺资源，获得这些资源的要求形成了组织机构对环境的依赖，资源的稀缺程度和重要性决定了机构对资源的依赖程度。[1] 跨机构范畴的合作就是为了整合不同机构所拥有的互补性资源。[2]

资源整合是对不同来源、不同结构、不同层次、不同内容的资源进行识别与归类、吸收与配置、激活与融合，使之具有较强的系统性、价值性和可利用性，产生出新的创新资源，摒弃原有的无价值资源，并激发出其创新能力的复杂动态过程。[3] 有效的资源整合能够使企业的资源和能力得到提升和丰富，在与企业的内外部环境相互作用中产生协同创新的动力，从而促进经济社会的快速发展。[4]

饶扬德（2006）认为，资源整合是运用科学方法对各类不同类型的资源进行有效的组织和协调，通过对内部和外部资源、有形和无形资源、物质和知识资源进行有效的识取、重构与消化吸收，并

---

① 马迎贤：《组织间关系：资源依赖视角的研究综述》，《管理评论》2005 年第 2 期。

② 曾萍、李熙：《产学研合作研究综述：理论视角、合作模式与合作机制》，《科技管理研究》2014 年第 22 期。

③ Huang, M. H., Sung, H. Y., Wang, C. C., Chen, D. Z., "Exploring patent performance and technology interactions of universities, industries, governments and individuals", *Scientometrics*, Vol. 96, No. 1, 2013, pp. 11−26.

④ 蔡莉、单标安、周立媛：《新创企业市场导向对绩效的影响——资源整合的中介作用》，《中国工业经济》2010 年第 11 期。

内化为满足自身发展需求的资源体系，从而实现资源的优化配置。①
蔡莉和尹苗苗（2009）认为，资源整合是指企业获得所需的资源
后，通过各种资源之间的协调互补与有效互动来促成能力提升的过
程，企业的创新能力与核心竞争力是资源整合能力的外在表现，在
创新过程中企业通过特定的整合措施来产生效益。②

有效的资源整合能够使企业通过节约投入成本来激发其内部组
织创新的动力与活力，从而促进创新系统中各要素的高效扩散与流
动，优化资源配置的效率，最终有助于增强企业的核心竞争力。③
单纯拥有科技资源的创新机构无法获得市场竞争优势，需要借助资
源整合的方式来提高资源利用效率与创新效率，从而提高其核心竞
争能力。④

（二）资源整合的原则

为了能够有序、有效地整合好企业内外部资源，首先必须确立
整合的基本原则。无原则、想当然、不求甚解地盲目整合，资源管
理的质量和效能是无法提高的。本书认为，资源整合应满足以下三
个原则：

1. 目标性原则

资源整合必须围绕明确的目标而进行，只有明确了目标是什么，
整合才具有了部署的方向，才能取得最佳效果。反之，资源的配置
常是顾此失彼、脉络不清，难以达到整合的有序，更谈不上产生整
合的效果，其根本就是偏离了进行整合的目标，无端浪费了资源。
在具体实施过程中，必须充分认识到：整合过程是围绕目标而进行
的一系列行为，是建立在以目标为主导的实施手段，没有目标的整

---

① 饶扬德：《企业资源整合过程与能力分析》，《工业技术经济》2006 年第 9 期。

② 蔡莉、尹苗苗：《新创企业学习能力、资源整合方式对企业绩效的影响研究》，
《管理世界》2009 年第 10 期。

③ 刘丹鹤、杨舰：《区域科技投入指南与科技资源整合机制——以北京市为例》，
《科学学与科学技术管理》2007 年第 S1 期。

④ 张建新、孙树栋：《产学研合作过程中的风险研究》，《经济纵横》2010 年第 6
期。

合就没有存在的价值，整合就失去了原有的意义。明确了目标，才能使资源及方法的配置有的放矢，紧紧围绕目标而进行，使整合发挥出应有的作用。可以看到：目标的确立不是随心所欲的，而是需要满足几个基本条件：一是企业能力、企业资源力所能及的，各类资源的配置必须满足目标要求；二是围绕目标进行的资源整合，能形成整合优势；三是能够体现整合的目标价值。

2. 经济性原则

整合企业内外部资源是一个系统过程，其基本目标就是优化配置。资源整合就是要把相对独立存在、独立发挥作用的诸多资源要素凝聚成一个整体，以使之产生事半功倍的规模效应。企业的资源是有限的，如何使有限的资源发挥出最大的效能，这就需要在整合的过程中，必须科学高效地利用好资源，把握好整合的"度"。如在进行资源整合方案策划时，为提供更多的决策选择，相关资源和信息越多越好，而在解决问题时，只要能够达到目的，资源利用的成本越经济越好。在资源整合的过程中，一定要清楚地认识到：资源整合必须学会取舍，凡是资源都想抓过来用，把杂乱无用的资源组合在一起，恰恰违背了整合的意义，还可能对有效资源的利用造成损害。整合经济性重在合理、有效、适宜，讲求够用和适当，筛选获取好的方式，通过有效的调整、整合、配置，以更经济的方法取得最佳效果。

3. 整体性原则

资源整合的整体性，就是要把本来分散的资源有所取舍，通过有序的配置，体现出为目标所用的整体效果，注重各项资源之间的有机联系。在具体操作中，应分级次循序渐进，阶梯式发展，不必强求一步到位，但必须方向明确、步履稳健。各类资源往往是零散的、分离的，一旦目标锁定之后，就要把各项资源纳入围绕目标而进行的一个整体来考虑。在资源整合的过程中，必须注意以下几点：一是必须注意整体和局部的协调；二是资源选择必须目的明确，防止盲目取材，使融入整合的资源不能体现有效价值；三是必须紧紧围绕目标，循序渐进地进行整合。我们清楚地认识到：资源整合不是一个部分，而是整体，一切资源取舍、配置，都必须服从整体需要。基于这样的认识，我们得出资源整合整体性的一个结论：一是重视资源的统筹兼顾，注重思维的整体和连贯性；二是强调资源整合的有序性，根据目标实施的轻重缓急，予以有序调度，达到整合的效果。

三　资源整合的形式

企业、高校、研究机构本质上都是开放的系统，与外界经常发生着知识、信息和资金等创新资源的交流。任何一个企业都会面临两种环境，即内部环境和外部环境。相应地，企业资源也面临内部资源和外部资源。因此，实现企业资源整合。当然，也就会有两种资源整合思路：内部资源整合与外部资源整合。

通过内部资源与外部资源的整合，企业就能够产生新的资源结构，突破企业原有的均势，提高响应市场变化的战略性能力。与此同时，企业也可以从企业外部获得有价值、与企业内部资源相适应的新资源，资源的价值就会不断涌现出来。

（一）内部资源整合

只有通过对企业所控制内部资源的配置与布局进行整合优化，才能使这些资源发挥出应有的竞争优势。企业内部资源整合可以通过集中、分散和共享服务等方式来实现。

企业进行内部资源整合时，需要注意以下两个方面：一是企业内部资源的有效利用，企业应尽可能不让公司的任何内部资源闲置，且每种内部资源的潜能都能得到充分发挥，特别是应注重对隐性资产和隐性知识的挖掘。二是企业内部资源的有效积累，内部资源匹配需要的不只是有效使用现有内部资源，有效地积累新的内部资源也同样十分重要。

内部资源的有效积累通常有两种方式：一种是新的内部资源作为某一个阶段战略的副产品而被创造出来；另一种是将由某一战略元素发展出来的内部资源有意识地用于其他战略元素。

（二）外部资源整合

由于企业内部资源的局限性，合理地利用企业的外部资源，取得内外部资源的协同，可以在更大程度上发挥企业内部资源的潜在竞争优势。企业外部资源整合可以通过授权、战略联盟、合资（合伙）、并购等方式实现，其中并购方式最容易实现企业核心知识资本的转移。兼并可有效地降低进入新行业的壁垒，大幅度降低企业发展的风险和成本，充分利用经验曲线效应，获得技术上的竞争优势。兼并、重组已成为企业形成核心能力的捷径。在技术飞速发展下，受企业战略研究的影响，企业的兼并对象往往集中在自己的相关领域。无论是采取新设合并、吸收合并，还是股份收购、资产收购等其他收购方式，都意味着并购公司具有控制目标公司的资源、重新配置两家企业资源的权力。借助这一组织安排，可以把两个具有不同战略逻辑的企业结合在一起，实现核心知识资本的转移，并且有可能创造出更多的知识资本。

四　资源整合的内容

早期的学者如伊戈尔·安索夫（Igor Ansoff，1965）将资源分为物质资源（如存货、设备）、财务资源（如资金、贷款）和人力资源（如劳动力、管理者）三种类型。资源基础理论强调资源的异质性和独特性，因此，这些资源演变为后来描述更加细致的组织资源（技能和知识的结合）、技术（技术诀窍）和声誉资源。

（一）内部资源整合

1. 物质资源整合

物质资源包括企业运行所需要的一切有形资产，如设备、工具等，以及由工艺、专利、系统或实物转化方法组成的技术性资产。物质资源属于产权型资源，即指那些可以通过财产权（包括合同、所有者契约或专利）进行保护的资源，当企业独占一种有价值的资源，并保证在法律框架下不被其竞争对手模仿时，企业便控制了这种资源，并因此获得竞争优势。物质资源可以直接用于生产过程或者用于其他资源的开发，是企业资源整合过程中最基础的资源整合之一。

2. 资金资源整合

资金资源包括企业运行所需要的一切财务性资源。资金是企业发展的"血液"，是企业生产经营活动的根本要素。如何强化资金管理并实现运转的高效率，是企业财务管理的核心。曾健飞（2005）曾在《大型企业集团司库管理的新趋势》中以国内企业集团为例，提出了"企业管理以财务管理为中心，财务管理以资金管理为中心"理念，使传统的以生产管理为中心的管理方法向以资金管理为中心的方向进行转变。企业资源整合的目标是通过整合，使生产要素发挥最大的效应，盘活资产存量，提升公司竞争力。因此，为了有效地节约财务费用，降低生产经营成本，并保持集团内部财务稳定性，需要通过资金资源整合保持企业内财务制度上互相连通，资金管理和使用上协调一致。

3. 人力资源整合

人力资源是指企业可以通过建立知识壁垒使竞争对手无法模仿其流程或技能型资源，包括知识资源、声誉资源等。人力资源整合关系到以个人为载体的知识和技能的积累，以组织为载体的知识和技能的有效联结。因此，尽可能保持人力资源的稳定是人力资源整合时首先要考虑的问题。其次要注重对关键人员的留用和整合。

4. 组织资源整合

组织资源包括企业正常运行所依赖的组织关系和结构、企业规章和企业文化等。组织资源整合是影响企业战略与长期经营业绩的关键要素，也经常被看作是影响企业并购成功的最终标志。组织资源整合涉及组织关系、价值理念、经营哲学、行为规范等方面的整合，是包括企业战略、结构、制度、作风、人员、技能等因素的生态系统。通过有效整合，可以使优质企业文化取代劣质企业文化，达成理念趋同，规范一致，从而提高企业组织的亲和力和凝聚力。

（二）外部资源整合

1. 市场资源整合

市场资源包括消费者或导向用户所提供的订单。市场资源整合主要涉及以下几个方面：

（1）经销商整合。经销商不仅涉及企业本身，而且涉及本企业产品的最终用户，是本企业产品畅销与否的关键。

（2）顾客整合。企业并购后要充分考虑顾客的需求，从产品、质量和服务上满足他们，还要在其消费习惯上满足他们。

（3）竞争对手整合。企业并购后，收购方应围绕"多赢"这一主题，采取各种手段争取原有的合作伙伴的继续合作，并且在并购后尽量不破坏对手原有的利益，尽可能地给予对方新的利益。

2. 供应链资源整合

供应链整合是将供应链上所有的相关链条和环节集合、优化成为一个更为有机运行的行为和过程。其目的在于更大程度地提高核心企业及其供应链的整体功能，以更加有效地实现系统目标。一般而言，供应链资源整合具体包括以下内容：原材料供应、产品生产制造、产品分销、运送至用户的流程整合；供应商、制造商、分销商、零售商、用户的节点整合；供应链上信息流、物流、资金流及其管理的流程整合；供应链运作过程各种管理思想、管理组织、管理技术、管理方法的综合整合。

3. 社会资源整合

对于中国企业而言，企业所面临的最大不确定性恰恰来自政府政策而非市场，政府又是企业面临的一个潜在的巨大市场。政府的其他资源还包括税收优惠、许可证、产业政策等，这些都对企业的生存和发展具有重要的影响作用。现代企业已经认识到，政府管制和政策是他们获取竞争优势的又一个重要来源。

4. 金融资源整合

金融资源一般包括资金（货币和信用）资源、机构组织资源、制度资源、人力资源等，金融资源配置的背后是经济资源的流动，金融资源的优化配置是引导经济资源优化配置、促使经济结构优化升级的关键，对于促进经济金融良性互动和维护金融稳定具有基础性作用。

五　资源整合的过程

资源整合过程是一个新创体系的形成过程，企业在战略上将零散的或相互独立的要素通过某种方式而使之相互衔接，并与外部资源有效结合，彼此渗透、交互、耦合，使各要素在整体中发挥出最大效益，从而实现"1＋1＞2"的效应。① 整合资源的过程也是企业通过合理调配与吸收资源的过程，通过将各类资源有效地结合在一起来得到一种理想状态。②

国内外的众多学者将资源整合分解为多个子过程。布鲁什（Brush et al.，1999）认为，企业的资源整合过程可通过资源识别、资源吸收、资源转化以及资源二次开发四个过程，使资源转化为企业所具有的持续竞争优势，并为企业创造超额的利润。③ 马鸿佳等（2011）认为，资源的整合过程可以分解为资源识取与资源配用两个阶段，资源识取是企业从外界环境中获得有用资源，而资源配用是企业内部资源的配置与利用。④ 饶扬德（2006）认为，资源整合过程可以划分为资源的识别和选择、汲取和配置、激活和融合三个阶段。⑤ 借鉴上述学者的观点，本书将资源整合划分为资源识别与选择、资源获取和资源配置与利用三个过程。

（一）资源识别与选择

资源识别与选择是指企业根据自身现有的资源特征，对所需的外部资源进行深入评估，从而明确企业发展所需资源的过程。⑥ 这

---

① 李志远：《科技资源整合对企业创新绩效的影响机理研究》，博士学位论文，吉林大学，2012年，第118页。

② 蔡莉、尹苗苗：《新创企业学习能力、资源整合方式对企业绩效的影响研究》，《管理世界》2009年第10期。

③ Brush, T. H., Artz, K. W., "Toward a Contingent Resource Based Theory: The Impact of Information Asymmetry on the Value of Capabilities in Veterinary Medicine", *Strategic Management Journal*, Vol. 20, No. 3, 1999, pp. 223 – 250.

④ 马鸿佳、董保宝、葛宝山：《资源整合过程、能力与企业绩效关系研究》，《吉林大学社会科学学报》2011年第4期。

⑤ 饶扬德：《新资源观与企业资源整合》，《软科学》2006年第5期。

⑥ 易朝辉：《资源整合能力、创业导向与创业绩效的关系研究》，《科学学研究》2010年第5期。

一过程是整个资源整合过程的起点，影响着资源整合的成败与资源利用的效率，其最为关键的步骤是通过厘清各资源要素间的关联来对资源价值链进行重构。

　　资源识别与选择是资源有效整合的前提，企业首先需要弄清哪些资源是企业发展创新过程中所迫切需要的重要资源、哪些资源是企业已经拥有的、哪些资源是企业可以内部转化的，等等。[①] 资源识别与选择可以从宏观和微观两个层面综合考虑。资源识别与选择的宏观决策主要针对企业全局和长远发展问题，是围绕企业中长期战略目标而进行的资源选择，通过对资源的识别与选择完成企业的诸如市场、产品等方面的基本定位；资源识别与选择的微观决策主要是针对企业短期内的生产经营目标进行的，依据资源层级与企业技术吸收能力相匹配的原则来选择资源。一般而言，资源层级越高，给企业带来的持续竞争优势越明显，但同时企业付出的代价越大，随之市场风险也越大。

　　（二）资源获取

　　资源获取是指在识别并选择资源的基础上，通过各种渠道，以相对较低的代价获得组织发展所需资源的过程。[②] 董保宝等（2011）认为，资源获取是资源整合过程的关键，取得的有价值的资源是提升与拓展企业资源配置与创新能力的关键因素。[③] 内部资源是企业资源获取的基础，通过内部资源的有效整合，企业可以开发出独有的内生资源。外部资源的识取是企业快速提升创新能力的有效途径。

　　资源获取的途径不仅包括市场机制下的资源购买或租赁，而且

---

　　① 蔡莉、杨阳、单标安、任萍：《基于网络视角的新企业资源整合过程模型》，《吉林大学社会科学学报》2011 年第 3 期。

　　② Cai, Y. Z., Liu, C., "The roles of universities in fostering knowledge – intensive clusters in Chinese regional innovation systems", *Science and Public Policy*, Vol. 42, No. 1, 2015, pp. 15 – 29.

　　③ 董保宝、葛宝山、王侃：《资源整合过程、动态能力与竞争优势：机理与路径》，《管理世界》2011 年第 3 期。

包括准内部化的资源联盟、完全内部化的资源并购、与其他机构（如大学、政府）协同创新过程中的资源扩散与共享等方式，其核心思想是如何通过最低的成本换取最大利益化的资源。需要特别指出的是，诸如知识、信息等新型隐性资源难以通过市场方式获得，因此，创新机构需要通过技术转移、人才引进、专利成果转让等方式柔性间接获取。资源获取是资源整合过程的核心，首先要通过外部途径将对组织发展有益的创新资源聚集起来，再经过消化、吸收并与内部资源进行融合，便在组织内部形成了具有核心竞争力的潜力与优势，能够为资源整合的下一个过程资源配置与利用打下良好的基础，进而提高企业的资源整合能力。①

（三）资源配置与利用

资源配置是指企业获取资源后，对各类资源要素进行匹配，使它们能够在创新过程中充分互补与协同，从而达到最优配置并形成核心竞争力的过程。② 资源配置作为资源整合过程的中心步骤，是连接资源获取与资源利用的桥梁，因而它对资源整合能力与创新效率的提升具有重要影响。③ 资源只有得到合理的配置，才能充分发挥其效能。资源配置是通过各类资源之间的相互匹配、互补以及协同效应，来实现已取得的外部资源与企业自身内部资源的有机融合，并转化为新的组织资源内化于企业，从而实现"1＋1＞2"的效应。企业通过这种资源配置的途径获得了稀缺的创新资源，同时也提升了其竞争对手难以模仿与跟进的资源内化与整合能力，这种能力正是企业提高创新效率的关键。

资源利用是指利用经过合理配置的资源，充分发挥创新资源与能力的优势，创造出新的产品和服务，并为企业带来效益、在

---

① Skoric, M. M., "The implications of big data for developping and transitional economies: Extending the Triple Helix?" *Scientometrics*, Vol. 99, No. 1, 2014, pp. 175 – 186.

② Brimble, P., Doner, R. F., "University – industry linkages and economic development: The case of Thailand", *World Development*, Vol. 35, No. 6, 2007, pp. 1021 – 1036.

③ 马鸿佳、董保宝、葛宝山：《资源整合过程、能力与企业绩效关系研究》，《吉林大学社会科学学报》2011年第4期。

市场上形成强大竞争力的过程。① 资源利用是资源整合过程的最终步骤，只有对资源进行充分利用才能体现出其价值，进而实现资源整合能力向创新能力与绩效的转化，最终促进企业核心竞争力的形成。

资源利用的核心问题是企业如何把稀缺性的、有价值的资源利用到能够获得最大效益的生产经营领域中去。企业利用各种资源，要实现在所从事领域内保持持续的竞争能力并最终转化为具体的创新成果，就必须完成形成企业核心竞争力和实现市场价值这两个转化。这两个转化是关键环节，如果不能实现转化，企业的资源整合能力与创新绩效就会下降，其在市场机制中的核心竞争力与创新优势也会消失。

综观对资源整合理论的研究，大多数学者将研究的落脚点集中在企业对资源的整合方式、整合能力、整合过程、整合效果、整合路径以及资源整合与创新绩效的关系等方面。虽然理论与实证研究都较为深入，对企业的创新实践起到了指导作用，但是，研究的视角大多是从企业出发，对创新系统中其他主体如大学、政府在资源整合中表现的研究较为少见。然而，随着知识经济的不断深入和创新复杂程度的增加，大学和政府在创新系统中的地位和作用快速上升，成为创新的主体，但各类的创新资源相对匮乏，借助外部资源成为其快速发展的有效途径。因此，本书试图将资源整合理论和三螺旋理论整合到一个理论框架下，分别从大学、企业和政府视角研究创新资源在其内外部的流动与整合，探寻创新系统提升的路径，从而为完善资源整合理论、三螺旋理论提供借鉴，为中国的协同创新实践提供参考。

---

① 董保宝、葛宝山、王侃：《资源整合过程、动态能力与竞争优势：机理与路径》，《管理世界》2011 年第 3 期。

第三节　国家创新体系理论

国家创新体系的概念源于奥地利政治经济学家约瑟夫·熊彼特提出的创新理论和德国经济学家弗里德里希·李斯特所倡导的国家学说。随着跨区域、跨机构创新协作与互动的日益频繁，创新体系的研究扩展到了国家层面，国家创新体系理论应运而生。[①] 1987 年，英国经济学家克里斯·弗里曼出版专著《技术政策与经济业绩：来自日本的经验》，阐述了国家创新体系的概念，提出国家创新体系是公、私领域里各个机构所构成的网络，它们之间的相互作用激发、引进、改进和扩散了新的知识和技术；他认为，战后日本经济的强劲发展除依靠技术创新外，还有组织创新和制度创新，由这些组织所形成的创新网络就是国家创新体系；从国家创新体系的视角能够解释部分国家的兴衰更迭，比如，英国和德国随着工业革命而兴起，美国凭借信息革命而快速发展，在当今互联网浪潮的影响下中国等新兴经济体国家迅速崛起。

20 世纪 90 年代初期，国家创新体系理论成为各国学者关注的焦点，伦德威尔和纳尔逊对国家创新体系理论进行了深入而系统的研究。1994 年，经济合作与发展组织（OECD）设立了"国家创新体系研究项目"，通过对世界上多个国家的创新体系进行深入的比较研究，结合各国的创新实践得出了分析报告。[②] 国家创新体系强调创新的整体性、系统性和互动性。经济合作与发展组织认为，国家创新体系是由公共机构（如政府、大学、国家研究机构等）和私营机构（如企业）共同组成的网络，这些组织在创新过程中的协作

---

① 曾萍、李熙：《产学研合作研究综述：理论视角、合作模式与合作机制》，《科技管理研究》2014 年第 22 期。

② 王向华：《基于三螺旋理论的区域智力资本协同创新机制研究》，博士学位论文，天津大学，2012 年，第 219 页。

与互动影响着一个国家知识与技术的生产能力，进而成为国家创新竞争力的集中体现。[①]

20世纪90年代中后期，中国学者开始关注国家创新体系的研究。1997年，由中国科学院组织编写出版了《迎接知识经济时代，建立国家创新体系》一书，该书系统地论述了国家创新体系的内涵、组织构成以及在推动中国创新型国家建设中的作用，提出国家创新体系是由知识与技术创新领域的相关机构组成的网络组织，除包括企业、大学和研究机构等创新主体以外，政府、科技中介组织、金融机构等也包含在国家创新体系的范畴中。

国家创新体系是一种政府主导的管理调控系统，它包含大学和研究机构为核心的科学研究体系，企业为主导、产学研相结合的科技创新体系。[②] 国家创新体系理论认为，企业、大学、研究机构、政府等机构通过协同作用促进创新体系的发展，而企业是这一系统的核心。其主要背景是：在知识经济框架下探讨产学研知识创造过程和资源整合模式，通过国家创新体系中的企业、大学和研究机构、政府、科技中介、金融机构等创新主体在创新过程中的相互协作，来促进创新活动的开展和创新效率的提高。[③]

第四节　协同创新理论

20世纪60年代，美国战略管理学家伊戈尔·安索夫将协同的理念引入企业战略管理领域，认为企业可以通过识别和匹配自身能力与外部资源来拓展新的业务，协同战略可以把公司多元化的业务

---

① 肖敏：《创新型国家建设的R&D资源配置研究》，博士学位论文，上海交通大学，2010年，第162页。

② 林学军：《基于三重螺旋创新理论模型的创新体系研究》，博士学位论文，暨南大学，2010年，第189页。

③ 张永凯、陈润羊：《世界科技强国科技政策的趋同趋势及我国的应对策略》，《科技进步与对策》2013年第30卷第2期。

联系起来，协同理论成为企业采取多元化战略的理论基础和重要依据。随后，日本学者伊丹敬之进一步将协同理论解释为"互补"和"协同"两种效应，各类组织机构通过协同作用能够发挥资源的最大效用。1971年，德国学者哈肯提出了协同学理论，指出协同作用是在复杂的大系统下各子系统及其要素通过相互协作、互补以及融合的作用而发生的整体活动，能够创造出超越各要素独立发挥作用而产生的效应，即产生"1+1＞2"的协同效应。①

随着协同理论的不断深入，在科技创新领域一些学者尝试运用协同理论进行相关的研究。在经济全球化与科技一体化的背景下，创新越来越具有开放性，单个机构或组织的创新活动已经难以满足国家、地区、企业对于科技成果的需求，因此，知识的生产与传播、技术的转化与应用机构之间需建立开放式的协同创新。传统的产学研合作创新过程中常常遇到诸如创新成果不被市场接受、融资渠道不畅、利益协调和不确定性及高风险导致的合作交易成本过高等问题，而这些问题无法通过产学研合作创新加以解决，需要政府、科技中介机构、金融机构等相关主体的协同支持，才可得以解决。于是，传统的"产学研合作创新"演化为"产学研协同创新"。

产学研协同创新一般是指企业、大学和研究机构三个基本主体投入各自的优势资源和能力，在政府、科技服务中介机构、金融机构等相关主体的协同支持下，共同进行技术开发的创新活动。产学研协同创新中，各行为主体既保持相对独立，又以功能互补、利益互惠、成果共享为原则协同作用，通过复杂的非线性相互作用，产生单要素无法实现的整体协同效应。

党的十八届三中全会提出，要建立产学研协同创新机制，并将产学研协同创新第一次写进中央文件，进一步为产学研合作指明了方向。产学研协同创新是一个新提法，是国家创新模式、三螺旋理论的新发展，也是中国特色产学研合作理论的新发展。当前，我国

---

① 何郁冰：《产学研协同创新的理论模式》，《科学学研究》2012年第2期。

正处于建设创新型国家的战略时期，开展产学研协同创新，对于深化国家创新体系和区域创新体系建设、增强企业创新能力和科技支撑经济社会发展能力，具有重要意义。

产学研协同创新不同于以往的产学研合作，由于协同是指系统中各子系统的相互协调或同步的联合作用及集体行为，因此，产学研协同创新不只是大学和研究机构作为技术供给方，企业作为技术需求方之间的技术转移的关系，而是在科学新发现为导向的技术创新中大学和企业各方都要共同参与研发新技术，尤其是大学和企业各方共同建立研发新技术的平台和机制，在研发新技术过程中，企业家和科学家交互作用。这正是产学研协同创新的真谛，也是产学研由"合作"发展为"协同"的重要区别。产学研协同创新的环节主要在科学发现或创新的知识孵化为新技术的环节。①

洪银兴（2014）认为，产学研协同创新不完全是企业、大学和研究机构三方机构问题，而是指产业发展，人才培养和科学研究三方功能的协同与集成化。具体来说，一方面，作为"学"的大学中包含了科学研究机构，同时承担着科学研究的功能；另一方面，"产"也不只是企业，是指产业发展，或者说产业创新，与此相关除了作为主体的企业外，还有各种类型的研发机构，风险投资家。因此，产学研协同创新从总体上说是大学与产业界的合作，涉及科学研究、人才培养的职能与产业界的合作创新。即使是研究机构单独推进的与产业界的合作也不能没有人才培养这个环节。

陈劲和阳银娟（2012）认为，协同创新是一种由多个要素构成的复杂网络结构，强调以企业、大学和研究机构为核心机构，以政府、金融机构、科技中介、创新接口组织等为辅助机构，多个创新主体在共同的愿景目标下，通过协作、互补的动态网络机制，实现知识创造与传播组织同技术创新与应用组织的深度融合与资源整

---

① 洪银兴：《产学研协同创新的经济学分析》，《经济科学》2014 年第 1 期。

合，进而促进创新系统的整体提升。① 何郁冰（2012）提出，可以将协同创新理论从战略协同层面、知识协同层面、组织协同层面三个层面来分析，协同创新组织架构以战略、知识和组织三要素的协同为核心，以政府的政策支持与制度激励作为基础支撑，以科技中介、金融机构、创新接口组织（如技术专业中心等）等作为辅助机构，企业、大学和研究机构等创新主体通过知识、技术、人才、资金、信息等资源在组织间的流动与扩散，来实现创新效率的提高和创新系统的不断升级。②

涂振洲和顾新（2013）认为，知识的流动伴随着协同创新的全过程，将协同创新过程分为知识共享、知识创造和知识优势形成三个相互作用、紧密联系、动态发展的演化阶段；大学、企业、研究机构、政府等创新机构通过知识的生产、扩散、应用与反馈等促进创新的产生与发展，充分发挥知识的"外部性"和"溢出效应"，从而形成知识的优势，知识流动的效率与效果直接影响着协同创新的效率。③ 唐震等（2015）提出，产学研协同创新是实现创新驱动发展战略的关键，通过对欧洲创新工学院（EIT）平台结构和协同创新路径两方面进行研究，深入挖掘其实现协同创新的内在机制，为我国基于"协同创新中心"构建的产学研协同创新平台提出建议。④ 何郁冰和张迎春（2015）认为，网络化产学研协同创新正成为新的发展趋势，从网络嵌入性的角度探索产学研协同创新模式的选择及其对创新绩效的影响机制是其中的核心问题。从关系嵌入（关系强度）和结构嵌入（网络密度）的角度，研究网络嵌入性对产学研协同创新模式的影响，划分出四类产学研协同创新网络，识别了不同网络类型与产学研协同创新模式的耦合效应及其对协同创

---

① 陈劲、阳银娟：《协同创新的理论基础与内涵》，《科学学研究》2012 年第 2 期。

② 何郁冰：《产学研协同创新的理论模式》，《科学学研究》2012 年第 2 期。

③ 涂振洲、顾新：《基于知识流动的产学研协同创新过程研究》，《科学学研究》2013 年第 9 期。

④ 唐震、汪洁、王洪亮：《EIT 产学研协同创新平台运行机制案例研究》，《科学学研究》2015 年第 1 期。

新绩效的影响。① 原长弘等（2015）探究了政产学研用协同创新对企业竞争力提升的机理，通过对陕西工业技术研究院与陕西汽车集团有限责任公司共同完成的汽车总线项目的案例研究，揭示出政产学研协同创新的机理，分析了协同创新成功提升企业竞争力的四个关键点，并进一步探究了政产学研用协同可持续创新机制。②

总之，协同创新理论是以资源整合理论为基础的，通过资源在协同创新主体间的流动与扩散、整合与融合，来提高资源利用效率，实现创新的不断演化和升级。协同创新理论是国家创新理论体系的重要组成部分，也是当前创新理论研究的新范式。

---

① 何郁冰、张迎春：《网络类型与产学研协同创新模式的耦合研究》，《科学学与科学技术管理》2015 年第 2 期。

② 原长弘、章芬、姚建军、孙会娟：《政产学研用协同创新与企业竞争力提升》，《科研管理》2015 年第 12 期。

第三章 三螺旋动态整合机制模型构建

第一节 三螺旋中的创新主体

一 创业型大学

（一）创业型大学的产生

大学在其数百年的发展历程中一直保持着相对稳定的组织结构，但其历史使命经历了不断的发展变化与拓展。大学在担任新的社会使命的同时，为拓展新功能与整合组织关系，其内部运转模式也发生了变化。大学的使命从最初的知识贮存与传承（教育）拓展到知识的生产与创造（科研），并发展为致力于所创造新知识的商业应用（创业）。① 研究机构与大学同样都是国家创新系统的重要组成部分，其主要功能是通过开展科学研究与技术创新来实现知识的生产、应用以及知识资本化，从而推动经济社会发展，而这些功能大学都具备。② 因此，本书将大学与研究机构合并为同一类创新主体进行研究，即大学和研究机构都包含在三螺旋创新系统中的大学螺旋中。

从中世纪到 18 世纪末，大学的主要职能是知识贮存与传播。此

---

① 亨利·埃茨科威茨：《三螺旋：大学、产业、政府三元一体的创新模式》，周春彦译，东方出版社 2005 年版。

② 牛盼强、谢富纪：《创新三重螺旋模型研究新进展》，《研究与发展管理》2009 年第 5 期。

后，大学的使命经历了两次革命：第一次大学革命是始于 19 世纪初的大学从教学型机构向研究型机构所进行的转变，增加了大学从事科学研究的使命；第二次大学革命是发端于 20 世纪后期的大学从被供养的象牙塔到承担经济与社会发展使命的转变，使创业成为大学的又一种新使命。① 相应地，两次大学革命也先后孕育了两种新的大学模式：研究型大学和创业型大学。20 世纪中后期，美国、欧洲以及亚洲一些杰出的研究型大学的周边陆续出现了一种相似的发展格局，大学利用自己创造的知识成果，吸引资金创办高科技公司，创造出了新的创新组织，从而加速了科技创新成果转化，实现了知识与技术的快速资本化，这些大学就被称为创业型大学。②

对于创业型大学的研究主要呈现出两种形态。

一种是美国教育专家伯顿·克拉克教授提出的以英国的沃里克大学为典型代表的"革新式"创业型大学。他认为，创业型大学是指那些为了适应知识经济的发展变化，而进行大胆创新与改革，并在知识应用方面取得显著效果的大学。通过对欧洲五所大学的转型考察，提炼出创业型大学的五个基本特点（"黄金五律"）：强有力的驾驭核心、与外界的紧密联系、多元化的资金来源、强大的科学研究能力、深厚的创业文化。③ 这一形态将大学作为一个能动的组织机构，强调大学这一机构为了应对外界环境的变化，如何像企业那样不断地进行创新和创业。

另一种是埃茨科威茨教授提出的以斯坦福大学与麻省理工学院为典型代表的"引领式"创业型大学。他提出通过运用全新的大学理念和实践模式来推动创新发展，创业型大学必将成为区域创新的

---

① 亨利·埃茨科威茨：《国家创新模式——大学、产业、政府"三螺旋"创新战略》，周春彦译，东方出版社 2014 年版。

② 王雁、李晓强：《创业型大学的典型特征和基本标准》，《科学学研究》2011 年第 2 期。

③ 邹益民、张智雄：《创新三螺旋模型的计量研究与实践进展》，《情报杂志》2013 年第 4 期。

发动机，也是大学、企业和政府三螺旋关系发展的驱动器。① 创业型大学将知识资本化和技术产业化作为其新使命的核心，通过其创新创业活动将知识生产者和使用者融为一体，从而加速了知识流动与扩散，成为创新的主体。创业型大学在区域创新层面通过知识空间、共识空间和创新空间发挥作用，在其传统的教学与科学研究功能之外，又通过知识与技术向生产力的转化实现了促进经济社会发展的功能，从而在创新系统中扮演更加重要角色。创业型大学着眼于通过发挥其在知识生产、技术创新以及人才聚集方面的优势，来实现促进经济社会发展的功能。"引领式"创业型大学的诞生需要五方面的先决条件：（1）领先的科学研究水平，具备在学科领域先进知识的生产能力；（2）在战略方向上拥有足够的自主权，能对大学所拥有的资源进行合理的控制与整合，包括房屋、土地、仪器设备等自然资源和通过科学研究形成的知识资源；（3）与企业、政府等三螺旋创新机构密切地相互作用，通过企业或政府为高科技初创公司提供基础，无论是政策资源、智力资源还是市场资源都能横跨机构边界，使组织界面具有高度的可渗透性；（4）具有通过专利转让、合作开发、创办大学衍生企业等途径实现技术转移的能力；（5）创业文化浓厚，创新创业思维融入教学科研的各个环节。②

　　基于以上分析，不难发现虽然两种形态的研究对创业型大学的界定角度各异，出发点不同，但进一步的分析可以看出两类创业型大学有许多相近之处，比如都强调知识的转化与应用、寻求资金和其他科技资源来源的多元化、关注与企业和政府的联系、注重创新创业精神的融入和服务社会意识的培养。将大学的三种使命人才培养、科学研究、促进经济与社会发展统一起来，使大学在强调协同与互动创新的三螺旋模型中居于主导地位。创业型大学是一个既不属于政府也不属于产业控制之下的学术组织。大学的创业活动一方

---

① 亨利·埃茨科威茨：《国家创新模式——大学、产业、政府"三螺旋"创新战略》，周春彦译，东方出版社 2014 年版。
② 同上。

面是传统的人才培养与科学研究行为的拓展；另一方面也是知识流动与技术转移推动的结果，使大学从社会的次要机构上升为主要机构。

（二）创业型大学的职能

创业型大学能够率先将知识投入使用并转化为效益，通过拓宽融资渠道来促进知识的生产和流动，为吸引外部资金和政策支持，创业型大学必须重视教学和科研水平的提高，同时了解产业、市场和社会的需求，解决来自更大社会范畴的实际问题，使其内部发展与外部产业、经济与社会进步相一致。创业型大学的具体职能主要体现在以下几个方面：

1. 人才培养

人才培养是大学与生俱来的职能，对于创业型大学也不例外，通过教育教学活动培养各类创新型人才是创业型大学的本质。除此之外，创业教育成为创业型大学学生的必修课程，个体的创业能力是可以被培养和训练出来的，创业能力成为创业型大学人才培养的新目标。创业型大学也起到了企业和政府的作用，注重对企业家和学生创业群体的培养。

2. 科学研究

创业型大学的知识应用与技术转移是建立在高水平的科学研究基础之上的，强大的科研能力为其实现技术转移与知识资本化奠定了基础，因此，科学研究依然是其重要职能，并将科研的目的拓展到了促进经济与社会发展领域。[①]

3. 创业

奥地利政治经济学家约瑟夫·熊彼特认为，创业活动是由新产品、新工艺、新组织和新市场构成的，创业本身就是创新的过程，或是所谓的"创造性毁灭"。具体而言，创业是指某一个人或一个

---

① 彭绪梅：《创业型大学的兴起与发展研究》，博士学位论文，大连理工大学，2008 年，第 142 页。

组织，通过发现和识别市场机遇，用更好的产品、工艺、观念和技术去创造新的组织，并通过创新活动产生经济效益，从而推动经济社会的可持续发展。[①]

创业过程伴随着资源的不断整合与融合，通过对创业所需资源的识别、获取、开发来实现创业成果的产生。在创业过程中，创业者是核心要素，创业过程受到社会和环境因素的影响。创业与创新紧密联系，熊彼特在其1912年出版的《经济发展理论》一书中对创新理论做了系统阐述，提出创新是驱动经济增长的核心动力，创新就是建立一种新的生产函数，将从未出现过的新要素和方法代入到这个生产函数中来，从而得到新知识、新技术、新产品等创新输出。[②] 创业离不开创新，创业的过程伴随着新的组织、方法、技术的诞生，因此，创新是创业的本质和手段，同时，创业又激励和促进了创新的发展，是创新的实现过程。

创业型大学与传统的大学有着良好的延续性，新职能的出现并非是对原有使命与模式的否定或弱化。经典的"象牙塔"式大学与创业型大学并行发展，作为象牙塔式大学的典型代表耶鲁大学和哈佛大学一直是人们竞相效仿的模式。作为成功的创业型大学的典型代表斯坦福大学和麻省理工学院培养了大量的创业人才和企业高管，它们周边云集着众多高科技公司以及大学衍生企业，因而成为各国大学学习和效仿的对象。

（三）创业型大学的特征

埃茨科威茨认为，创业型大学具有五个基本特征：

1. 知识资本化

知识的生产和扩散，不仅是为了推动科学发展与人类文明，更是为了产生经济效益；知识与技术的产业化成为驱动创新的动力，大学在知识应用和资本化方面的作用逐渐凸显。

---

① 甘永涛：《论创业型大学研究的理论架构》，《科学学研究》2011年第11期。
② 彭绪梅：《创业型大学的兴起与发展研究》，博士学位论文，大连理工大学，2008年，第142页。

2. 相互依存性

在创新创业过程中，大学与企业、政府等创新机构相互依存，通过紧密联系与互动形成的合力，来带动创新系统的不断提升。

3. 相对独立性

创业型大学作为一个独立的创新组织，不从属于其他机构。

4. 混合形成性

创业型大学既与其他创新组织紧密联系，又拥有独立的身份，同时衍生出一些混成组织，如孵化器、大学科技园、技术转移中心等。由于创新机构间的紧密联系与相互独立存在矛盾，而矛盾的化解是混成组织生成的动力。

5. 自我完善性

当外界环境发生变化时，大学内部的运行机制可以实现持续的自我更新与完善。创业型大学处于复杂的创新体系中，要根据市场与技术需求的变化，来调整人才培养与科学研究的方向，从而更好地实现促进经济与社会发展的职能。

上述特征不仅是判断创业型大学的标准，也是向创业型大学转变的依据。通过促使这些特征的形成，来引导大学向创业型组织的方向发展。①

二　公司的进化

从 19 世纪后期开始，致力于新产品开发、生产和销售的大公司，通过整合和挖掘公司内部资源拓展了公司现有的功能，使公司除了与其客户发生交易关系外，还与外部机构与组织发生作用。20 世纪中叶，集群效应使大公司的部门机构从单个领域扩展到多个不同领域，但保持了共同的财务体系。20 世纪 60—80 年代，跨国公司被认为是商业组织的终极形式，要实现跨国商业运作，就要以高度集权的形式、利用公司和集群的组织机构来进行创新活动。20 世

---

① 亨利·埃茨科威茨：《国家创新模式——大学、产业、政府"三螺旋"创新战略》，周春彦译，东方出版社 2014 年版。

纪末，由相互关联、针对不同生产领域的公司构成了产业集群，这些产业集群集中于一定的区域范围，建立在密切的亲缘和裙带关系基础之上。①

近年来，公司从原来的只通过市场竞争关系彼此关联，发展为与其他公司开展合作、组成战略联盟以及积极与大学和政府建立合作关系。这种以知识为基础的公司超越了单纯的商业企业。熊彼特认为，公司从非正式到正式的以知识为基础的体制转变是公司发展的一个阶段。公司应拥有独立的研究部门，并努力获得大学、研究机构、政府等外部资源的支持与帮助。

利用三螺旋之间的相互作用创建高科技公司正日益成为一项区域经济发展战略。高科技公司跨组织边界地与其他公司、大学、研究机构、中介组织、政府部门、金融机构等开展多方合作，使三螺旋协同创新成为现实。这种与其他创新组织相互作用与密切合作的公司就演化为三螺旋公司。企业是创新的主力军，但并非所有企业都有创新的能力，以知识为基础的三螺旋公司具有较强的创新活力与动力。

三螺旋公司在创新过程中通过与大学和政府建立起紧密的合作关系，来充分整合与利用来自各方创新主体的资源，形成了一种新型的创新组织。三螺旋公司通过与合作伙伴相互熟悉、建立信任和构建长期联盟的过程来形成，是多种资源整合的企业化过程的结果，在技术与商业两种观念之间的横向交互作用是其创新的关键。创新的含义已经从集中在公司内部的产品创新拓展到三螺旋中的组织创新。大学、企业和政府之间的协同作用把这种创新扩大到某个区域内的创新系统，甚至横跨整个国家创新系统。

以知识和技术为基础的高科技新创公司的发展战略，通常要依靠在大学里进行的商业化研究开发来实现。越来越多的高科技公司

---

① 亨利·埃茨科威茨：《国家创新模式——大学、产业、政府"三螺旋"创新战略》，周春彦译，东方出版社 2014 年版。

开始实施基于大学创新与孵化的发展战略，在许多大学的周围都形成了产业氛围。孵化器中的公司有了教育的功能，通过对被孵化组织的培养教育，使其拥有完善的组织机构、创新能力和人才储备。孵化器公司毕业离开孵化设施就像大学生从学校毕业走入社会一样，意味着培育成熟要开启新的征程。在公司"毕业"和转移到商业地点之前，孵化器要求公司必须按教育培养模式在其中度过两年到三年的时间。孵化器正如大学在教室和实验室中培养学生并输送到外界一样，它在孵化器设施中培育公司并把它们输送到商业社会，通过孵化的方式行使其教育功能。

三　政府的作用

（一）从产学研合作到三螺旋协同创新

在三螺旋模型中，政府的地位已经从辅助企业或大学实现创新的公共合作伙伴上升为三螺旋的直接参与者之一，这使政府的职能发生了拓展，因此，政府在定位方面经历了一个发展变化的过程。

产学研合作是指在市场机制的引导下，以企业为主导，大学和研究机构共同参与，三方紧密合作推动科学发展与技术进步，并通过科技成果转化取得一定的经济效益。对来自企业、大学、研究机构的各类创新资源进行整合与优化配置，使知识生产、技术应用与产品开发融为一体，加快了知识资本化和技术产业化的速度。中国的产学研合作经历了几十年的发展历程，取得了一定的成果与效益，探索出优势互补、利益共享、风险共担的合作创新模式，在推动国家创新体系建设与经济社会发展方面发挥了重要作用。[1] 但同时也出现了市场机制失灵、资源匹配度低、地区和产业发展不均衡、科技成果转化率低、政策监管不完善等产学研各方难以解决的实际问题。政府在产学研合作中作为外部支持者和政策制定者而隐性地参与合作，政府所关注的焦点包括：维护市场竞争秩序，为了

---

① 汪敏：《基于三螺旋理论的产学研合作模式及绩效评价研究》，硕士学位论文，华中科技大学，2010 年，第 47 页。

调整市场的非均衡性通过财政和税收手段来调控宏观经济运行指标等，但越来越多的研究和案例表明，产学研合作创新对政府在运行机制、资金投入、组织激励、利益分配、技术转移等方面有强烈的需求。①

在当前的经济形势下，处于转型经济体中的中国企业自身的发展遇到危机，需要通过政府的支持来渡过难关。政府在推动自主研发核心技术方面的作用至关重要，特别是关系国计民生、军事涉密、高风险及投入巨大的科技合作需要政府发挥制度创新、平衡和政策保障功能。在企业创新需求与大学对接和耦合的基础上，政府的资源统筹与整合能力及其掌握的全面性信息资源能够发挥显著作用；从资源整合角度来看，各类资源在创新主体之间扩散流动、匹配利用的过程中，政府角色的加入对于运行、激励、分配以及应用推广均能起到促进作用。② 在知识经济时代，大学、企业和政府在创新系统中具有同等重要的地位和作用。三螺旋理论认为，政府的作用不可或缺，与市场经济中"看不见的手"互补，强调大学、企业和政府三方的重叠区域是创新系统的核心，其三方相互协调与互动是促进知识创造与扩散的关键因素；在实现知识资本化的过程中，各参与方协同作用形成合力共同推动创新螺旋的上升。

（二）政府是创新的组织者

政府是国家机构的领导者，具有公权力，对资金、信息、制度等创新资源有着管理和调配的权力。因此，政府在创新活动中具有重要的作用。政府不再是创新的辅助者，而是创新系统中的重要主体，是创新的组织者。

1. 政府是制度创新的组织者

政府在创新中的首要任务是要营造一个有利于创新产生的外部环境，从政策上鼓励和支持创新，例如，税收倾斜、提供场所、保

① 吕荣胜、刘惠冉：《产学研合作模式与官学研产合作模式对比分析及适用性研究》，《科技进步与对策》2014 年第 12 期。

② 同上。

护知识产权等，从而在顶层设计上形成对创新的激励制度。在经济学意义上，制度是指一系列被制定出来的规则、守法程序和行为规范，用来约束追求主体福利或效用最大化的个人行为，它包括宪法法律、政策法规和伦理道德规范等。制度创新往往比科技创新更重要，制度创新决定科技创新，合理的制度能够推动科技创新，不合理的制度会使科技创新偏离经济发展的轨道，进而阻碍科技创新。[①]在近代历史上出现过三次促进科技创新的制度安排：第一次是发生在 18 世纪到 19 世纪的资本主义私有制和市场经济体制的出现；第二次是在 19 世纪中期到 20 世纪中期，产生了股份公司制度和企业内部研究与发展制度；第三次出现在 20 世纪五六十年代至今，政府出台了大量鼓励科技创新的政策，如政府投资、金融补贴、税收倾斜等一系列促进科技创新的制度变革。[②]

因此，制度创新是其他创新活动开展的基础，政府应当首先做好创新制度的设计，通过制度来激励创新，特别是在创新的初始阶段给予更多的鼓励与保护，从而保障科技创新活动的顺利开展。

2. 政府直接参与具体的创新活动

政府在创新中不光创造环境和制定政策，并且由创新的引导者逐渐扩展为创新活动的直接组织者。政府拥有遍布全球的信息资源，可以快速获得最新的科技前沿资讯；随着信息技术的发展和大数据时代的到来，政府通过其掌握的基础信息平台，可以获得第一手的信息资源，并根据国家经济和社会发展的需要，为创新指明方向。政府拥有信息、资金、政策导向等其他创新主体所不具备的稀缺性创新资源，在与企业、大学的协同创新过程中充分发挥这些资源的优势来促进创新活动的开展。政府在创新中的参与方式主要体

① 林学军：《基于三重螺旋创新理论模型的创新体系研究》，博士学位论文，暨南大学，2010 年，第 189 页。

② Leydesdorff, L., Sun, Y., "National and International Dimensions of the Triple Helix in Japan: University – Industry – Government Versus International Coauthorship Relations", *Journal of the American Society for Information Science and Technology*, Vol. 60, No. 4, 2009, pp. 778 –788.

现在提供公共服务和基础设施，例如，建设协同创新资源信息平台，在"互联网＋"的政策导向下，利用云计算、大数据等技术，在信息平台上实现知识与技术供求信息的匹配、跨区域的分布式协同研发等功能。另外，政府还应投资建设图书馆、公共计算中心、数据处理中心等基础设施，这些平台和设施都是投资巨大、影响长远的公益性项目，企业和大学无力承担，必须由政府规划建设和维护运行。[①]

第二节　三螺旋资源整合的动力机制

根据三螺旋理论、资源整合理论、协同创新理论，大学、企业和政府三方在协同创新过程中互动补充、协调发展，实现创新资源的优化配置与高效利用，从而产生使创新螺旋体持续上升的动力，推动科技进步和经济社会持续、协调发展。三螺旋资源整合创新模型的动力机制可以从两个维度来分析，一是资源的横向扩散与流动；二是资源的纵向提升与演化。

一　三螺旋创新资源的横向扩散与流动

组织理论认为，一个组织机构必须通过频繁地与外界进行资源互动来维持其生存，吸收自身发展所需资源的同时输出产品或服务。三螺旋创新资源的横向扩散与流动是指人才、知识、技术、资金、信息等资源在创新主体（政府、大学和企业）间进行传播与扩散，从而实现资源的共享与合理配置。

政府是社会游戏规则的制定者，被定位为具有公共管理和服务的职能，政府拥有资金、信息、制度等创新资源的管理和调配的权利。随着全球一体化和信息时代的到来，政府依据其掌握的基础平

---

① 林学军：《基于三重螺旋创新理论模型的创新体系研究》，博士学位论文，暨南大学，2010年，第189页。

台与渠道可以获得信息资源，并将这些信息公开和发布，通过信息的流动为大学和企业开展创新活动提供帮助。同时，政府可以依据其掌握的信息把握科技发展方向，从而在税收政策、投资领域方面做出倾斜。政府的运转主要来源于税费收入，而其对外提供的资源有政策、资金、基础设施、公共服务等。政府只有提高公共管理效率和公共服务水平，才能满足纳税人和社会对政府的要求。政府的组织行为在这个"进出"机制下不断发展和完善，根据其服务对象（包括企业、大学、个人等）的要求来调整其产品和服务，在这个过程中，政府与创新系统中的其他主体不断融合、协同发展。[①]

大学的资源优势是基础研究、专业人才、科研仪器设备、知识、技术、研究方法和经验，资源的需求是资金、市场信息和人才资源。[②] 大学作为新知识和新技术的源泉，在创新中直接参与知识的生产与扩散、转化与应用。大学的创新产出主要有高素质的人才、新知识、新技术、新思想等，并通过教育教学、科技成果转化、大学衍生企业等形式来促进各类创新资源的流动与应用。大学只有不断地向创新系统输出新知识、新技术、创新型人才，才能得到社会的认可，从而从政府和企业获得更多的资金、政策、人才方面的投入，进而推动大学的可持续良性发展。[③]

企业主要从事生产经营活动，其资源优势是技术的快速商业化、相对充足的资金、生产试验设备和场所、市场信息及营销推广经验。企业进行创新活动的动力来源于其产生和获取超额利润的目的。企业所需的创新资源包括人才、知识、技术等，其创新输出有新产品、新服务、市场信息、经济效益等。企业只有通过科技创新来提高自身的技术吸收能力，才能吸引到更多的创新资源，提高核

---

① 汤易兵：《区域创新视角的我国政府—产业—大学关系研究》，博士学位论文，浙江大学，2007 年，第 145 页。

② 何郁冰：《产学研协同创新的理论模式》，《科学学研究》2012 年第 2 期。

③ 汤易兵：《区域创新视角的我国政府—产业—大学关系研究》，博士学位论文，浙江大学，2007 年，第 145 页。

心竞争力，在市场竞争中立于不败之地。

资源的横向循环中的要素主要有人才、知识、技术、信息、资金和政策，这些要素如同血管中的血液，通过流动和扩散将企业、大学和政府三大创新主体联结在一起，形成协同效应，如图3－1所示。

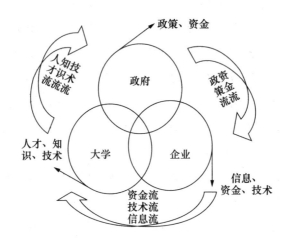

图3－1　三螺旋创新资源的横向流动

（一）人才流动

三螺旋中的人才流动被称作"旋转门"，它使隐形的知识和思想从一条螺旋进入另一条螺旋，促进了高黏度知识形态的创新资源在组织机构间的流动与融合。① 目前常见的有三种人才流动模式：

第一种是从一个机构向另一个机构范畴的单向或永久性流动。这种流动模式最常见的是大学培养的学生毕业后进入企业或政府部门工作。另外，有一定工作经历的人才在机构范畴之间跳槽与创业也属于这种模式，如阿里巴巴集团董事局主席马云和新东方教育集团董事长俞敏洪都是从大学教师成功转型为优秀企业家的典型

————————

① 周春彦、李海波、李星洲、高晓瑾：《国内外三螺旋研究的理论前沿与实践探索》，《科学与管理》2011 年第 4 期。

例子。

第二种是双重生命人员，即在大学和企业同时担任重要职务，同时具备技术专业知识和市场商业知识。双重生命人员减少了从一个学科领域跨越到另一个学科领域的难度，以知识为基础的公司常因为双重生命人员的帮助而获得成功，这些个体无论始于技术的一端还是商业的一端，都已获得了在另一端的足够知识来经营企业或引领科技。[①]

第三种是在一个以上机构范畴轮流或定期工作，如大学聘请企业专家担任兼职教授，企业聘请大学教师担任技术指导与顾问。政府官员到企业或大学挂职锻炼，大学教师到企业或基层政府部门的帮扶和锻炼都属于这种模式。

（二）信息流动

由于信息的沟通与交流贯穿于协同创新的全过程，因此，信息的有效流动是促进三螺旋创新系统发展的基础。企业贴近市场和用户，能敏锐地捕捉到市场趋势和需求，成为市场信息的源头，市场信息的推动成为企业科技创新的原动力。大学拥有丰富的知识储量，能够关注学科最前沿的发展动态，从而将创新系统引向正确的发展方向。政府通过其宏观调控和决策的权利而掌握了政策信息。随着信息技术的快速发展，"互联网＋"时代已经到来，信息的流动越来越依赖互联网平台。将企业的市场需求信息、大学的前沿知识信息和政府的政策、资金信息在这些网络平台上发布，加速了信息的流动，从而成为创新系统发展的驱动力。

（三）知识流动

大学由于拥有尖端的科学研究人才、先进的技术设备和丰富的知识储量，而成为知识生产的主要力量。通过发表学术论文、召开学术研讨会、沟通交流等方式可以引导显性知识的流动，而诸如创

---

① 亨利·埃茨科威茨：《国家创新模式——大学、产业、政府"三螺旋"创新战略》，周春彦译，东方出版社 2014 年版。

新的思维方式、经营理念等内嵌于创新人才的心智和直觉中的隐性
知识则主要通过人才的流动来带动知识的流动，即人才流动是隐性
知识流动的重要途径。

（四）技术流动

大学在进行理论研究的过程中创造了丰富的知识资源，而在进
行应用研究时将知识资源转化为技术资源，并通过申请专利、创建
大学衍生企业、技术转让等形式促进技术的流动。企业由于贴近市
场、拥有技术产业化的物质能力，在一些专业领域聚集了尖端的技
术资源，在科技创新过程中产生了技术溢出，这些溢出的技术资源
流向了产业链上下游的其他创新型企业，最终实现了技术产业化。

（五）资金流动

政府拥有公共科技创新资金的支配权利，对于一些基础性研究
特别是关系国计民生、军事涉密、高风险及投入巨大的科技研究项
目，只有政府有能力进行投资。政府需要对当前经济社会亟须解决
的问题进行宏观把握，对科研立项进行周密考核与评估，才能确定
资金的流向，经过较长的投资周期后，产生经济和社会效益，资金
得以回笼。企业为了追求更大的利润，需要对科技研发进行资金投
入，通过协同创新，资金流向了其他企业或大学。对于协同创新项
目，大学、企业、政府等合作主体可以共同引入风险投资来克服资
金短缺的现状，加速资金的流动。

（六）政策流动

政府向创新系统输出政策资源，包括税收优惠、资金支持、项
目扶持、相关的法律法规以及信息网络平台等。大学和企业根据政
府的政策导向调整科技创新的方向和目标，随着创新成果的涌现，
政府对创新产业与项目进行评估，将评估结果反馈回来影响政府的
下一步创新政策的制定。通过政策的流动政府获得税收资源，形成
新的经济增长点，对于经济社会还有很强的示范效应以及知识与技
术的溢出效应，政策资源在三螺旋主体之间的流动与反馈也促进了

创新系统的良性循环。①

二　三螺旋创新资源的纵向提升与演化

三螺旋模型的纵向提升与演化的动力是内生的，大学、企业和政府三个机构范畴在相互联系、彼此互动的协同创新过程中形成三条螺旋上升的轨道，即知识整合、战略整合和组织机构整合，三者在相互交织中促进创新系统的不断演化和提升，如图 3－2 所示。

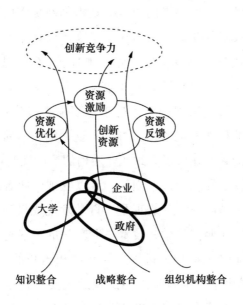

图 3－2　三螺旋创新资源的纵向提升

（一）知识整合

知识整合是三螺旋协同创新系统的核心，主要是指知识在协同创新主体间的流动、扩散、消化、吸收、利用和再创造，大学、企业、政府将所拥有的知识资源进行有效组合，并将隐性知识和显性知识相互转换与融合，从而实现知识资源的有效开发与利用，推动

① 汤易兵：《区域创新视角的我国政府—产业—大学关系研究》，博士学位论文，浙江大学，2007 年，第 145 页。

创新系统的演进和升级。①

　　知识创新有两个层次的功能。第一层次是科学发现，创造出知识；第二层次是技术创新，发明出技术，科学发现所创造的知识成为技术创新的基础。过去科学发现（知识创造）同技术创新是截然分开的两个阶段，甚至是截然分开的两个系统。企业的技术创新主要是依靠自身的技术和研发力量。熊彼特当年所定义的创新主要是指企业家主导的企业内要素的组合。技术创新更多的是源于生产中经验的积累、技术的改进，而与科学发现的联系不紧密。大学及其科学家没有直接参与到技术创新体系中来。② 而在现代，特别是在20 世纪后期产生新经济以来，技术创新的源泉更多地来源于科学发现，也就是说，科学发现的成果越来越多地直接应用于技术创新。利用当代最新的科学发现的知识可以实现大的技术跨越，建立在知识创新基础上的新产业可以导致产业结构的革命性变化。

　　综观当代科学发现和技术创新，可以发现，两者之间的融合和协同的趋势越来越明显。其表现是，科学发现成果到生产上应用的时间显著缩短。按照"科学—技术—生产"的一般逻辑，从一个重大科学发现到生产上应用，过去需要经过相当长的时间（上百年、几十年）。这是由于新的科学思想出现后先要经过以它为基础所做出的技术发明，然后在批量生产中得以应用，每一阶段都需要漫长的时间，以至于科学发现对技术进步的影响难以觉察。据统计，在1900—1930 年的 75 种重大科学发现从研究到生产的平均周期是 36 年。到20 世纪 50 年代中期，从科学发现到实际应用的时间减少到5—10 年，相当于建设一个大型现代企业的时间。到20 世纪末，从科学上的重大发现到转化为现实生产力的时间进一步缩短，甚至出现新科技革命和新产业革命同时进行的趋势。

　　三螺旋知识整合的过程，是一个复杂的自组织演化过程。自组

---

① 何郁冰：《产学研协同创新的理论模式》，《科学学研究》2012 年第 2 期。
② 洪银兴：《产学研协同创新的经济学分析》，《经济科学》2014 年第 1 期。

织理论认为系统在形成基于一定的时间、空间的过程中，在没有外力的作用和影响下，凭借自身内部的相互协调而趋于稳定，其行为具有协同性、自转换性和自调节性。[①] 三螺旋知识整合呈现出的自组织演化特性决定了可以将知识整合过程分为知识创造与扩散、知识应用与技术创新和知识资本化与技术产业化三个阶段，如图 3 - 3 所示。

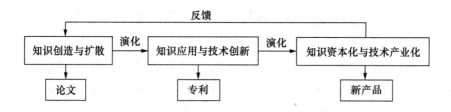

图 3 - 3　三螺旋创新系统知识整合演化过程

1. 知识创造与扩散

知识创造的成果主要以论文、研究报告、专著等形式体现。随着科学技术的发展，知识创造与更新的速度加快，单一组织或机构凭借自身的力量难以跟上知识创新的速度，三螺旋创新主体迫切需要通过知识的扩散与共享来整合内外部的知识资源，从而填补其知识落差，构建由多个知识创新主体及相互之间的协作互动关系所组成的知识协同网络。[②] 在三螺旋协同创新的前期，各创新主体在进行知识创造和储备的基础之上，需要对各方的异质性知识资源进行有效的扩散与共享。大学、企业、政府通过对知识的流动和转移来实现知识在三者之间扩散的目的。作为知识主要生产机构的大学是知识扩散的主要源头，向企业和政府提供学术前沿、专业理论与应用等方面的知识。同时，企业向大学转移技术、市场化、工程化等

---

① 马飞虹：《官产学合作创新系统建模与仿真方法研究（下）》，《计算机仿真》2012 年第 10 期。

② 何郁冰：《产学研协同创新的理论模式》，《科学学研究》2012 年第 2 期。

方面知识，这种知识的扩散是一种双向的转移与互动。通过知识的转移和网络化的扩散，将个体知识交织融合形成全新形态的协同创新系统知识库，三螺旋主体在知识库中吸收、利用和集成各自所需知识。通过知识资源库进行跨机构的知识协同创造，最终实现三螺旋知识资源库中知识存量的螺旋上升。①

2. 知识应用与技术创新

知识在大学、企业和政府之间扩散后，各方通过各种形式的协同学习来消化吸收转移后的知识，包括科学知识、技术知识、市场知识和组织程式。通过人员的交流与流动，将嵌入组织机构内的隐性知识进行外化，并与知识库中的显性知识相融合、内化、吸收和应用，将理论知识转向应用，将知识转化为技术，最终实现技术创新，并将创新成果以专利等形式表现出来。

近几年来，我国的科研投入大幅增加，大学、研究机构以及企业创造了大量的知识，但知识的转化率却很低，目前我国的科技成果转化率约为25%，能够实现技术产业化的不足5%，科学发展与科技进步对经济增长的贡献率不足40%（发达国家达60%）。② 这说明我国重视了知识的生产与创造，也取得了一定的成果，但知识的转化与应用方面还较为落后。这主要是因为，在对大学的评价中过于注重以学术论文为导向的理论研究，科技创新活动没有面向市场需求，企业难以消化吸收来自大学的知识创新成果，导致了知识供给与技术需求的错位，增加了协同创新中的信息不对称性。政府在科技评价导向方面政策的缺位也是导致知识转化率低的原因，政府应通过政策来激励企业和大学进行协同创新，从而使知识创新和技术应用的边界趋于模糊。③

① 何郁冰：《产学研协同创新的理论模式》，《科学学研究》2012 年第 2 期。
② 李小丽、余翔：《区域三螺旋强度及 TTO 特征对 TTO 效率的影响研究》，《科研管理》2014 年第 9 期。
③ 陈劲、阳银娟：《协同创新的理论基础与内涵》，《科学学研究》2012 年第 2 期。

3. 知识资本化与技术产业化

经过知识创造与扩散、知识应用与技术创新两个过程后，实现了知识在三螺旋创新主体间的流动，并将知识提升到了应用层面的技术领域。然而，创新的最终目的是要创造价值，实现知识的资本化和技术的产业化，推动经济社会不断向前发展。

在技术产业化的过程中应当充分发挥企业的主导作用，将实验室中的科研成果移植到生产车间中来。在生产经营过程中改进工艺、创新产品，通过广泛的市场渠道进行新产品的推广，并将市场的反馈信息与大学和政府共享，最终通过销售业绩和利润的提升来实现知识的资本化。

由于三螺旋各主体之间错综复杂的知识联系，知识的整合经过多次、反复的螺旋演化最终实现知识的系统化、复杂化与全面化发展，从分散化的主体知识转化为协同创新网络的共享知识与技术发明，并最终将知识转化为生产力，实现创新的整体飞跃。

（二）战略整合

三螺旋协同创新的发展与提升需要创新主体之间战略上的整合。三螺旋创新主体大学、企业、政府各自所拥有的创新资源、能力和目标均有较大不同，形成了差异化或潜在对立的组织文化和行为规范，因此有必要对各方的价值观和文化进行整合。在三螺旋协同创新中，企业通常以追求利润的最大化为目标，注重创新投入产出的效率及协同创造的经济效益；大学则是追求科研成果与人才的输出，着重考虑协同创新能否提高科研水平、创造高水平的科研成果以及培养锻炼创新型人才；政府在短期内主要关注 GDP 增速、高科技园区产值、税收收入等政绩表现，长期目标则形成新的经济增长点，缓解就业压力，形成示范带动效应，实现经济社会持续稳定发展。这种价值观的差异影响着各方主体对协同创新路径与模式的选择，往往会导致大学创造的科研成果得不到市场认可，难以完成科技成果转化；企业不重视大学所倡导的原始性创新，通过模仿与跟进希望快速实现经济效益；政府对于周期长、投资大的基础性创新投入不够。实际上，大学、企业和政府三者对于创新的终极目标是一致的，真正的阻力来自各种文化之间缺乏沟通、认同和包容。因此，大学应从战略上注重应用性研究与基础性研究的联系，深入了解市场与企业对科技和人才的需求，从而调整科研和人才培养的方向和理念；企业在给大学提供资金和市场信息的同时应给予大学更多的创新自主权，并友好沟通知识产权和项目收益上的归属；政府的身份应从项目的管理者向参与者转变。

通过建立协同创新中的信任关系来实现战略整合。信任关系建立的前提是协同创新的主体对各自优劣势的准确把握，因此，大学、企业、政府应找准自己在创新系统中的角色定位，明确自身的资源优势和战略分工，实现知识链、产业链和政策链的有机衔接，从而避免因角色越位和过多干预而导致的信任危机。① 交流沟通是建立信任关系的基础。另外，信任关系还与合作各方创新能力的匹配程度、先前的合作经验、合作的渠道与形式有关。因此，在协同创新过程中合作各方应加强信息的沟通与交流，与自身资源能力相匹配的合作对象建立风险共担导向下的信任关系，在此基础上体现出资源互补的协同效应，推动协同战略联盟的形成。

三螺旋协同创新战略联盟是一种新型的官产学研合作组织形式，通过"知识—技术—信息"的整合来构造紧密型协同创造网络，实现参与各方保持长期、稳定、互利的伙伴关系。② 战略联盟能够实现三螺旋主体在战略层面上的资源整合与创新：企业借助于大学的科技与人才力量，通过在科技研发上的合作来促进技术创新和新产品开发，实现企业整体竞争力的提升；大学在市场需求的推动下，通过与企业的深层次合作实现科技成果转化，人才在创新实践中得到了培养和锻炼，提高了教学科研水平，拉近了与市场的距离，弥补办学经费的不足；政府通过对企业的税收政策倾斜和对大学的科

---

① 何郁冰：《产学研协同创新的理论模式》，《科学学研究》2012 年第 2 期。
② 同上。

技项目资助，实现区域经济社会的持续稳定发展。三螺旋战略联盟在大学、企业和政府间建立起长期稳定的协作关系，使协同创新趋于长效性和深入性，促进各方在资源整合上发挥更大的作用，促进了科学、技术与经济的有效结合。

（三）组织机构整合

官产学研协同创新三螺旋关系是一种复杂的、跨组织边界的新型合作关系，单个组织机构无法实现对创新系统的管理与控制，需要有新的接口组织来推动创新主体间关系的协调、平台的对接和资源的匹配，实现对协同创新过程的整体设计与管控。传统的产学研合作往往是大学和企业之间通过熟人介绍、网上搜索等非正式的渠道取得联系，大学教师和企业研发人员之间建立个体性连接，大多以项目合作为主，规模小，周期短，合作关系相对松散，项目结束合作也就终止了，没有建立起合作的长效机制，因此需要在更高的层次上构建跨边界的接口组织机构来将协同创新主体更为紧密地联系在一起。

对应于三螺旋创新主体的定位、属性和功能的不同，各国在协同创新过程中探索出了多种跨机构的创新组织，典型的有科技园、孵化器、技术转移办公室、大学衍生企业、科技中介、生产力促进中心等。这些机构在创新系统中起到润滑剂的作用，通过它们来对三螺旋创新主体进行组织、协调和沟通，从而促进协同方案的选择和创新模式的匹配，以此消除协同创新中的障碍与隔阂，加速创新系统的发展提升。

这些创新组织机构的职能主要表现在：（1）为创新资源的供需双方搭建一个信息交流与资源匹配的平台，通过针对合作项目和科技人才匹配平台的搭建和有效运行，来实现合作各方信息的互通和透明，促进合作目标的最终实现；（2）在协同创新过程中，要实现其对于人力资源管理、财务管理、风险控制、物资管理等基本的管理与控制职能；（3）通过与大学、企业和政府之间信息互动与沟通交流，实现在创新主体之间的资源共享与整合提升。① 这些新型的创新机构能够促进跨学科、跨组织、跨区域的重大合作项目的开展，避免传统合作创新中由于非正式的合作模式带来的弊端，实现对组织内外的知识、资源、资本、风险等进行分析和控制，推动科技成果转化，最终形成创新核心竞争力。

第三节 三螺旋风险管控机制

由于三螺旋协同创新系统是由不同属性、不同能力、不同发展目标的主体构成的复杂系统，合作过程中存在着复杂性和不确定性。在管理机制、资金投入、利益分配、目标定位等各个合作环节中，大学、企业和政府均可能会产生分歧，导致合作失败的案例非常多，因此合作风险始终贯穿于三螺旋协同创新的全过程。

一 三螺旋协同创新风险的分类

创新是一种高风险、低成功率和高收益的活动，三螺旋协同创新更是高风险，由于信息不对称、风险意识、资源制约、利益分配等因素以及协同创新所处的市场、政策、科技氛围等环境因素存在着极大的不确定性，导致了各类协同创新风险的发生，在技术、市场、资金、管理等各个方面都存在着风险。②

从风险形态来看，主要包括道德风险、管理风险、利益风险、市场风险、技术风险和资金风险。

（一）道德风险

道德风险主要源自因创新主体间信息不对称、分工不明确、产权与收益不明晰等导致的信任危机。无论何种模式的协同创新都应建立在彼此信任的基础之上，合作才能顺利地开展。但各方在创新

---

① 潘东华、尹大为：《三螺旋接口组织与创新机制》，《科研管理》2009 年第 1 期。

② 潘杰义、杨青青、司公奇：《基于集对分析法的产学研合作创新风险综合评价研究》，《科技管理研究》2008 年第 10 期。

投入、矛盾协调、利益分配、产权归属过程中会产生分歧，这些分歧一旦发生在缺乏了解，资源、信息沟通不畅的情况下，就会导致道德风险的发生。①

（二）管理风险

管理风险主要来源于组织机构不健全、运行机制不完善、缺乏专业的管理人员等。协同创新系统要实现良好的运行，需要参与各方共同建立一个健全的管理机制。管理在创新中的功能是协调系统中的各种行为，如合作对象的匹配、合作模式的选择等，以保证协同创新活动的顺利进行。

（三）利益风险

三螺旋协同创新中的利益主要包括经济利益和社会利益。而社会利益诸如美誉度、商标、知识产权等难以量化，存在着潜在性、长期性和不确定性的特点，最容易在合作各方间产生分歧。如果参与各方能凭借协同创新产生的关键性知识和技术长期获利，就会形成多方共赢、长期稳定的局面，如果参与合作的某一方发生了知识产权泄露或转让行为，就会损害到其他创新主体的利益，导致利益风险的发生。②

（四）市场风险

市场风险主要是由于技术市场供需关系把握不准确、市场环境变化造成了创新成果不适应市场，难以产生经济效益的风险。一方面是由于创新产品投入市场时间的延迟。由于合作创新要经过基础研发、应用研发、产品试验、小规模生产、增量生产等过程，每一个环节都可能出现时间延迟。然而，在当前信息经济时代，产品更新换代速度越来越快，一旦错过最好的投入市场的时机，就会给竞争对手创造机会，使自己在市场竞争中处于不利地位。另一方面，

---

① 张俊瑞、刘彬、程子健：《企业 R&D 投入影响因素及其经济效果研究评述》，《情报杂志》2013 年第 12 期。

② 肖玲诺、史建锋、孙玉忠：《基于 BP 神经网络的产学研知识创新联盟风险评价研究》，《中国软科学》2011 年第 12 期。

市场战略因素的影响。合理的市场战略是协同创新取得预期收益的关键因素，如果在市场调研、推广、营销上出现失误，就会不利于技术产业化和创新成果的市场化，甚至会导致合作的前功尽弃。

（五）技术风险

技术风险是由于协同创新过程中技术领域存在着诸多的不确定因素造成的，具体表现为：一是创新团队整体技术水平不确定，在技术创新过程中，需要来自大学和企业的科技人员基于自身知识、技术与能力的互补性，共同合作完成创新，由于知识与技术资源的吻合度以及合作各方磨合程度的不确定带来了技术开发与吸收能力的不确定。二是知识、技术和产品的快速更新导致了技术需求把握不准确，外部技术市场与自身创新成果的重叠也会带来技术风险。三是由于外部环境的变化导致了不确定性，比如，外部资金投入的持续性、政策环境的改变等。

（六）资金风险

资金风险主要表现在创新主体的融资能力、财务管理水平等方面。协同创新的资金大多来自企业、政府部门和风险投资机构等，由于资金预算的不准确、合作项目的延展性等不确定因素造成的资金紧张，而新的融资渠道又不能及时到位，就可能导致资金链的断裂，再加上各个不同机构间财务管理制度方面的差异，都会带来协同创新的资金风险，严重的可能会造成协同创新活动的停滞或合作失败。

以上各类风险可能存在于三螺旋协同创新过程的多个阶段，呈现出非线性和多相关性的特点，因此应针对不同类型、不同阶段的协同创新风险采取与之相适应的防范措施才能实现风险有效控制。[①]

二 协同创新过程中风险发生的阶段及其来源

三螺旋协同创新的过程伴随着知识的整合，大学、企业和政府

---

① 肖玲诺、史建锋、孙玉忠：《基于 BP 神经网络的产学研知识创新联盟风险评价研究》，《中国软科学》2011 年第 12 期。

三个机构范畴在相互联系、彼此互动的过程中形成强大的创新竞争力，带动系统螺旋上升，其知识整合过程分为三个不同的阶段，即知识创造与扩散、知识应用与技术创新、知识资本化与技术产业化。每一阶段都对应于不同的创新风险，如图3-4所示。

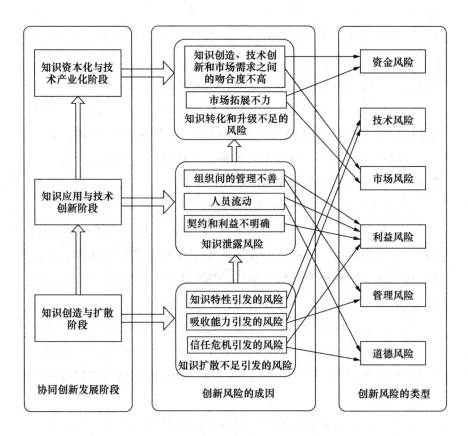

图3-4　三螺旋协同创新的风险构成

（一）知识创造与扩散阶段

知识创造与扩散是三螺旋系统发展的内在动力，参与创新的各方主体需要主动地将自身原有的知识以及协同创造出来的知识进行扩散，既包括显性知识也包括隐性知识，从而实现知识资源的最大化利用。如果一旦知识扩散不足，必将削弱创新系统内部的凝聚力，降低系统运行效率。由于知识扩散不足引发的风险有以下三种：

一是由于知识特性引发的风险。知识具有模糊性、潜在性和复杂性的特性，创新参与方对于一些隐性知识难以找到高效的扩散路径，就容易导致技术风险产生。

二是知识吸收能力引发的风险。创新系统中的知识接受方需要有强烈的知识接受意愿以及具备知识的吸收和内化的能力，如果不具备这些条件就会导致技术风险和管理风险的产生。

三是信任危机引发的风险。相互信任是协同创新系统正常运转的基础，如果创新主体间的信任度降低，必然会导致协调沟通成本、时间成本和组织交易成本的增加，进而降低了创新系统的运行效率，就会导致道德风险和利益风险的产生。

（二）知识应用与技术创新阶段

知识应用与技术创新是三螺旋系统实现快速上升的关键环节，知识与技术紧密地结合在了一起，各创新主体间的相互作用、彼此互动也在这一阶段最为频繁。知识泄露是知识应用与技术创新阶段风险产生的主要原因，具体表现在以下三个方面：

第一，组织机构间的管理引起的知识泄露。由于不同组织机构对于知识产权保护的约束机制存在较大差异，如果研究人员对于知识保护意识不强容易引起知识泄露，进而导致管理风险和利益风险的产生。

第二，人员流动引发的知识泄露。创新系统中的研发人员流动到系统之外，带走的不仅是显性知识，还有隐性知识，如果研发人员流动到竞争对手所在的组织机构就可能发生知识资源的泄露，进而引发道德风险和利益风险的产生。

第三，契约和利益不明确引发的知识泄露。由于知识成果潜在性强且作用周期长，如果最初对于知识产权的合作契约不规范或利益约定不明晰，就可能会引发利益风险和管理风险。

（三）知识资本化与技术产业化阶段

在这一阶段知识需要与市场对接，将知识的价值通过创新产品的形式在市场上体现出来，给创新主体带来经济效益。由于知识转化和升级的不足会给创新带来潜在的风险，具体表现在以下两个方面：

一是知识创造、技术创新和市场需求三者之间的吻合度不高引发的风险。即便创新系统有一定的科技成果输出，但在成果转化和产品投放市场的过程中会遇到困难，创新产品得不到市场的认可就难以产生经济效益，最终导致市场风险和资金风险的产生。

二是市场拓展不力引发的风险。创新产品要推向市场创造经济效益必须通过一定的营销渠道来开拓市场，如果创新产品的营销方案、推广计划出现失误，就可能陷入产品滞销、销售业绩不佳的困境，甚至会造成资金运转困难、下一轮的创新难以为继的情况，引发了市场风险和资金风险。

通过上述分析，可以发现三螺旋创新系统存在的风险有如下特点：

一是客观存在性，在三螺旋创新系统演化升级的不同阶段都存在多种风险，不管创新主体能否意识到，风险都是普遍存在的。

二是动态变化性，随着协同创新发展阶段和影响因素的变化，风险的表现形式和构成的威胁也会发生变化。

三是可预测性，尽管风险的来源与表现形式有着差异，但仍可以通过科学的方法和实践的经验来进行评估与预测。

四是风险与收益的正相关性，风险并不等同于危险，高风险的协同创新项目往往伴随着高收益，收益是风险的回报，而风险是获得收益所付出的代价。[①]

由此可见，三螺旋协同创新系统风险控制是十分必要的，利用

---

① 肖玲诺、史建锋、孙玉忠：《基于 BP 神经网络的产学研知识创新联盟风险评价研究》，《中国软科学》2011 年第 12 期。

科学法和实践经验可以有效防范和控制风险，降低风险带来的损失，确保协同创新系统的不断提升。

三 三螺旋风险防范

（一）基于协同创新发展过程的风险防范

1. 三螺旋协同创新的初始阶段

即知识创造与扩散阶段对于风险的防范可以从以下几方面入手：

首先，建立相互依赖、相互理解的有效沟通机制。由于合作初期各方参与者彼此之间不熟悉，通过有效的沟通交流可以建立起相互依赖的信任关系，并且深入地了解到对方的资源优势与创新需求，为后续的合作打下良好的基础。

其次，建立协同创新个人和团队的信用档案。信用档案中记录着每一次协同创新开展的信用状况，创新参与者也可以查阅系统中其他个人和团队的信用记录，如果档案中有不良的信用记录就会对后续的合作造成障碍，通过这种形式起到对合作参与者信用约束的作用。信任是进行知识共享和转移基础和保障，通过建立信用档案可以减少创新系统的障碍，降低风险。

再次，构建系统内部和谐的知识氛围。协同创新系统中的参与者来自不同的组织机构、拥有不同的知识背景，构建相互学习的知识氛围可以加快知识的流动与扩散。通过构建知识网络来提高协同创新的有效性，使团队之间、个人之间能够相互学习、相互交流。[①]

最后，构建知识共享的技术平台。由于构成三螺旋创新系统的多个创新主体可能分布在不同的地区或国家，因此需要充分利用信息时代先进的通信工具来建立知识共享的技术平台，比如，建立视频会议室、QQ群等。在技术创新平台上，创新参与者可以分享各类创新资源，比如，视频展示、成果资料、团队知识地图等。这些共享的内容要进行等级的划分，对每个等级可以参与的人员进行限

---

① 肖玲诺、史建锋、孙玉忠、于瀚：《产学研知识创新联盟知识链运作的风险控制机制》，《中国科技论坛》2013 年第 3 期。

定和约束。在创新实施阶段，还可以利用平台开展跨区域的分布式协同创新。

2. 知识应用与技术创新阶段的风险防范

这一阶段的风险防范主要是针对知识转移过程中潜在的知识产权风险。由于编码化知识具有可复制性，知识产权被窃取后难以察觉，特别是在当前的信息时代，知识复制的成本远低于知识创造的成本。① 由于知识产权意识的淡薄和相关法律法规的不健全，导致中国的知识产权风险较高，在亚洲排名第二，这就使知识产权风险的防范尤为迫切②，防范措施主要体现在：

（1）可以运用技术手段提高知识产权的保密等级。比如，协同创新中的参与方尽可能地将编码化的显性知识转化为隐性知识，这样，即便发生了知识泄露，由于利用隐性知识需要掌握相关的知识体系，才能发挥出其价值，从而增加了知识复制的成本与难度，降低了由于知识泄露而引发的风险。

（2）培养创新参与者的知识产权保护意识。来自不同组织机构的创新参与者彼此之间可以通过正式或非正式的交流来获取相关的信息，协同创新的参与者应提高知识产权的保护意识，对于一些含有知识产权的知识资源进行保护或加密处理。必须要共享的知识资源，可以采用比如签订保密合同等方式来对协同创新参与者的行为进行约束，从而有效维护知识产权拥有方的合法权益。③

3. 知识资本化与技术产业化阶段的风险防范

这一阶段处于知识整合链的下游，主要针对市场风险的防范，具体措施有：

首先，构建有效的信息反馈渠道。通过反馈市场对创新产品和

---

① 肖玲诺、史建锋、孙玉忠：《基于 BP 神经网络的产学研知识创新联盟风险评价研究》，《中国软科学》2011 年第 12 期。

② 张铁男、陈娟：《基于三螺旋模型的大学科技园孵化模式研究》，《情报杂志》2011 年第 2 期。

③ 黄瑞华、苏世彬：《合作创新中隐性知识转移引发的商业秘密风险主要影响因素分析》，《科研管理》2008 年第 1 期。

服务的反映，使协同创新系统中每一个环节中的创新主体都能快速、准确地得到市场信息。通过市场的反映来检验知识创造、技术创新以及产品创新的市场定位是否准确，从而降低市场风险。要得到第一手的市场信息，必须通过各个创新阶段的专业人员同客户进行交流，了解客户的技术与服务需求。充分利用互联网资源，让客户通过在线论坛讨论提出对创新产品使用的体验，如产品的不足之处、需增加的功能、改进方向等，从而可以第一时间得到最真实的市场对创新产品的评价。

其次，创新营销方法与手段。通过营销的创新来打造创新品牌，提高创新产品销量，加快资金回笼，从而降低市场风险和资金风险。在创新产品的营销过程中，大学和政府的作用不可忽视，消费者对于大学和政府权威性的信任程度远高于企业。因此，在产品营销过程中，大学和政府也应共同参与，将三螺旋协同创新的元素融入产品品牌中去，将大学的品牌价值通过创新产品体现出来。

最后，建立多种渠道的资金来源。传统的合作创新往往是企业进行资金投入，大学投入人才和知识，以技术入股的形式参与创新，这种模式资金来源单一，一旦企业自身经营管理出现问题，就会造成资金风险。引入多种资金来源，并建立资金投入与收益相匹配的创新机制，大学和政府作为创新主体为了得到较高的经济利益也会进行资金的投入。通过市场机制引入诸如风险投资、天使投资等资金来源。风险投资是高科技项目的孵化器，由于风险投资体系对于资金的使用、管理以及创新项目的评价都有一个成熟和规范的运作体系，通过引导金融机构以风险投资的形式加入到三螺旋协同创新系统中来，对于创新系统不仅可以提供雄厚的资金，也可以对创新过程起到监管作用，明确责任与利益的关系，缓解协同创新融资不畅的问题，降低资金风险和市场风险。

（二）基于协同创新主体的风险防范

1. 政府在协同创新中的风险防范

政府在三螺旋协同创新中不仅提供重要的外部环境，如公平竞争环境、鼓励创新的政策、税收倾斜等，还为科技企业孵化和科技成果转化提供公共产品与公共服务等资源，如创新场所、专项资金、公共数据处理中心等。因此，为了防范协同创新中的风险，政府应采取的措施包括：

（1）完善知识产权保护方面的法律法规，成立专门的知识产权仲裁机构，真正改变知识产权维权难的现状。对于创新中的知识产权侵害和学术不端行为如论文剽窃、学术造假、科技成果盗用等行为采取零容忍的态度，并将创新中的道德行为记入个人和组织的信用档案，从制度上规范创新活动，降低道德风险、管理风险和技术风险。

（2）政府对三螺旋协同创新收益的产权应做出明确的界定。借鉴美国在1980年出台的《贝耶—多尔法案》，明确提出由联邦政府资助的研究项目的知识产权归属大学。这样，既避免了政府在科技成果转化阶段技术能力不足的问题，同时也保护了大学作为人才和技术投入方的知识产权利益。如果政府投资合作创新的知识产权不明确或归政府所有，一些没有参与创新的企业就会认为这些知识成果拥有公共属性，可以快速进行产品仿制，不利于原创性创新活动的发生。

（3）政府在确定协同创新产业发展方向之前要做好充分的调研。要确定哪些产业是未来的发展方向、哪些行业适合于三螺旋协同创新，必须要组织相关领域的专家、学者进行广泛深入的调研，一旦政府对经济增长、产业发展的认识和定位过于超前或滞后，都会导致三螺旋协同创新资源得不到有效整合，给区域或行业带来巨大的损失。

2. 企业在协同创新中的风险防范

企业在三螺旋协同创新中提供成果转化动力、市场信息、资金以及抗御市场经营风险经验等优势要素，在协同创新中发挥着重要的支撑作用。要防范协同创新中的风险，企业应从以下两个方面入手：一是企业应通过深入研究，准确地把握市场需求，并制订周密的协同创新推进计划，对每一阶段的进度进行严格把控，从而有效地防范市场风险。由于在当今知识与技术飞速发展的时代，一旦新产品投放市场的时间延迟就可能会失去抢占市场的有利时机，造成创新收益的降低。二是企业应主动从人才需求的角度和大学共同培养人才。比如，同大学共同制定人才培养方案、开发课程、提供实习岗位等，这样培养出的学生才是企业所急需的创新型人才，如果这些学生毕业后能够来企业工作不仅加速了知识的流动，而且降低了企业员工培训的成本，从而可以有效防范技术风险。

3. 大学在协同创新中的风险防范

大学作为创新中智力要素的主要供给主体，聚集了诸如高端科技人才、丰富的知识储备、先进的实验设备等资源，但是，在市场资源和科技成果转化方面存在弱势，因此，在风险防范方面应做到以下几点：

一是大学应增强在知识产业化阶段与创新系统的融合。目前，三螺旋协同创新在知识向产品转化的过程中，大学一般参与新产品的研制、样机的设计、小规模生产阶段，而到了大规模生产以及产品投放市场阶段大学基本退出，这种模式虽然是责任明确，但大学游离出创新产业化阶段，而难以亲自接触市场。[①] 根据知识链的运行特点，大学有必要融合到知识链中下游的运行，比如，参与创新产品营销方案的制定、市场推广人员的培训等过程，关注与跟踪知识的转化，并根据市场反馈信息，及时改进与再创新，从而降低市场风险和技术风险。

二是建立完善的财务管理和监督体系。近年来，大学科研经费滥用现象频现，大学教授滥用侵吞科研经费的腐败案件屡有发生。为了防范大学腐败风险的滋生，应建立公开透明的财务监督制度，将来源于各级政府部门的纵向课题经费和来源于企业的横向课题经费的使用情况进行公开，接受纳税人和企业的监督。

---

① 肖玲诺、史建锋、孙玉忠、于瀚：《产学研知识创新联盟知识链运作的风险控制机制》，《中国科技论坛》2013 年第 3 期。

三是完善科研经费分配制度，并对资金使用的整个过程进行监督，资金滚动拨付、及时到位，使科研经费的使用始终处于监控当中。对于合理的使用要简化资金审批流程，提高使用效率，将科研经费用到最关键的地方，防范管理风险和道德风险的同时提高协同创新效率。

第四节 中国的三螺旋模型及整合机制

三螺旋理论诞生于西方发达国家，由于经济、文化、历史背景的不同，直接将该理论应用于中国的创新实践可能会不适合中国的国情，因此，我们应该在借鉴吸收的基础上探索适合中国情境的三螺旋模型。

一 中国的三螺旋创新主体

（一）大学

中国的大学每年创造大量知识，各种知识以学术论文、专利等形式呈现出来，自 2006 年起，中国作者在国际重要期刊和会议上发表的论文数量已连年位居世界第二，大学是这些成果的主要来源，科技投入更是以每年 20%—30% 的速度增长，并于 2013 年超过了 GDP 的 2%，但我国知识的转化率却很低。[1] 这说明中国重视了知识的生产，但却忽视了知识的流动、扩散、转化和资本化。在三螺旋协同创新中，大学的活力没有真正体现，在知识资本化和技术产业化方面的能力有待提高。因此，大学的功能与定位需要与未来经济社会发展相适应，科技的进步要能够推动国家发展以及人民生活水平的提高，大学的转型发展势在必行。[2]

---

① 马陆亭：《应用技术大学建设的若干思考》，《中国高等教育》2014 年第 10 期。

② Chen, S. H., Huang, M. H., Chen, D. Z., "Driving Factors of External Funding and Funding Effects on Academic Innovation Performance in University – Industry – Government Linkages", *Scientometrics*, Vol. 94, No. 3, 2013, pp. 1077 – 1098.

　　创业型大学是在西方文化背景下，在科学研究与经济社会发展的均衡点上诞生的奇葩。① 由于文化背景和经济社会发展现状的不同，各个国家的创业型大学存在差异性。这支早已在西方发达国家枝繁叶茂的奇葩是否适应中国的土壤和环境呢？处于转型期的中国大学能否沿着创业型大学的道路取得成功？这是当前中国高等教育领域研究的热点和焦点。② 根据我国未来大学的分类，本书将创业型大学分为以研究型大学为主体的"引领式"大学和以应用技术大学为主体的"革新式"大学，分别探讨其转型升级之路。③

　　1. 研究型大学

　　在中国，研究型大学的主体是"985 工程""211 工程"大学以及省属重点本科院校，以基础理论研究、重大攻关项目和培养各专业领域的以科学研究为基础的学术型、创新型人才为主；在参与三螺旋协同创新方面，研究型大学侧重于基础科学研究，通过对未知领域的探索来创造新知识，提出新理论，并不断加以完善，处于知识链整合的上游，将科学研究成果通过与处于知识链中下游的企业合作来实现科技成果转化和知识产业化的过程，与企业主要是知识整合链上下游之间的关系。④ 可以发现，中国的研究型大学与"引领式"创业型大学的特征有一定的传承性。因此，本书希望通过从有着中国的麻省理工美誉的清华大学的创新创业实践中发现"引领式"创业型大学在中国的存在以及中国特色和演变路径。

　　清华大学是理工为主、多学科协调发展的综合性研究型大学，目前的综合实力位居全国第一，按照规划，清华大学到 21 世纪中期要建设成为世界一流大学。因此，清华大学的发展最能反映中国研

---

① 刘叶、邹晓东：《探寻创业型大学的"中国特色与演变路径"——基于国内三所研究型大学学术创业实践的考察》，《高等工程教育研究》2014 年第 3 期。

② Loet Leydesdorff, Zeng Guoping, "University – Industry – Government Relations in China", *Industry and Higher Education*, Vol. 15, No. 3, 2001, pp. 179 – 182.

③ 邹晓东、翁默斯、姚威：《我国"革新式"创业型大学的转型路径——一个多案例的制度考察》，《高等工程教育研究》2014 年第 2 期。

④ 杨兴林：《关于创业型大学的四个基本问题》，《高等教育研究》2012 年第 12 期。

究型大学在创新型国家建设中所起的作用。2015 年 8 月 21 日，由
清华大学技术创新研究中心和三螺旋协会联合主办的第十三届三螺
旋国际会议在清华大学经济管理学院举行，来自中国、美国、英
国、俄罗斯、日本、荷兰、韩国等十几个国家 70 多个机构的 180 多
名学者齐聚清华园，共同探讨三螺旋发展的前沿问题，此次会议的
召开必将加快清华大学在协同创新、创业型大学建设中的步伐。

　　清华大学创业组织由清华科技园、合作创新联盟和国家技术转
移中心组成，如图 3 - 5 所示。清华科技园始建于 1994 年，是中国
最早成立的大学科技园之一，经过 20 多年的实践与发展，目前被认
定为中国唯一的 A 类大学科技园并崭露出强劲的国际竞争力。政府
通过参与清华科技园的建设和管理而体现在协同创新系统中的作
用，国家科技部和教育部把清华科技园列为首批 22 家大学科技园的
重点试点单位之一，对科技园的基础设施建设、人才引进、税收、
资金等方面给予优惠政策，促进入园企业的快速成长。[①] 清华科技
园也通过协助政府制定相关产业政策，并反馈政策实施效果，从而
加速政府资源向创新系统的流动。

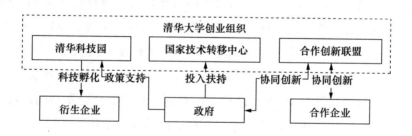

图 3 - 5　清华大学创业组织结构

　　清华科技园充分发挥其科技孵化器的功能，整合了大学、企业、
政府提供的各类资源，成功孵化出大量高科技企业，其中，不乏清

---

　　① 李华晶、王睿：《知识创新系统对我国大学衍生企业的影响——基于三螺旋模型
的解释性案例研究》，《科学管理研究》2011 年第 1 期。

华同方、清华紫光、诚志股份等高科技上市公司。科技园依托清华大学的知识和技术优势，利用政府提供的优惠政策，紧密地将三螺旋主体联系在一起。通过一整套规范的孵化流程，使创新的知识和技术直接转变为新的衍生企业。衍生企业在成长过程中不断从其母体清华大学汲取知识养分，促进其快速发展壮大。当衍生企业发展成熟后，仍与清华大学在人员、知识领域有着天然的联系，并通过示范带动、资源共享等形式来支持科技园，从而促进清华科技园的良性发展。

清华大学国家技术转移中心是在原国家经贸委和教育部推动下为促进技术转移和成果转化于 2001 年成立的。清华大学周围聚集着大量的高科技产业集群，要实现大学的知识和技术向产业转移，技术转移中心的桥梁作用至关重要。技术转移中心通过建立"技术资源共享与集成平台"，整合了跨越国家实验室、国际工程技术中心、科技园等机构的创新平台，并连接着广泛的市场资源，从更系统的角度提高了科技资源的使用效率，用更全面的科学技术手段与集成能力促进了各行业的技术研发与扩散。技术转移中心既是内部技术搜索机制，也提供了面向市场的外部搜索机制，将科技供需双方的资源进行有效的匹配，降低了技术搜寻的成本。在技术转移中心的推动下，2011—2012 年，实现了 89 项将专利技术应用于产业化的技术转移项目，合同金额 1.15 亿元，技术转移合同数和合同金额都稳居全国高校第一。[①] 在促进产业技术进步和经济社会发展的同时，大学的科研能力和创新型人才培养水平也得到了提升。

通过组建合作创新联盟，清华大学与企业、政府进行协同创新。清华大学依托自身的资源优势积极组建各类创新联盟，联盟成员来自国家部委、地方政府、企业和海外机构等。目前，清华大学已与20 多个省份、100 多个地级市签订合作协议；与宝钢集团、华为、

---

① 李小丽、余翔：《区域三螺旋强度及 TTO 特征对 TTO 效率的影响研究》，《科研管理》2014 年第 9 期。

丰田汽车、微软、三星等 200 多家国内外著名企业建立起稳定的合作关系；与世界一流大学、研究机构建立了良好的合作机制。合作创新联盟是大学、企业、政府的互相交叉与融合形成的创新组织，随着三方联系的日益紧密与合作程度的加深，创新主体的边界越来越模糊，实现了知识的资本化和三螺旋的不断演化和升级。

2. 应用技术大学

应用技术大学是中国经济发展进入依靠技术创新和产业升级，并向现代化快速推进时期的必然产物，基于知识经济发展的要求，利用自身的科技创新积累与人才聚集优势，直接融入区域产业发展，是集高等教育、职业教育和继续教育于一体的新型大学。2014年 2 月 26 日，在国务院常务会议上提出引导一批普通本科高校向应用技术型高校转型。伴随着中国应用技术大学的悄然兴起，中国高等教育新的分类体系正在形成。未来中国大学将是研究型大学和应用技术大学并存，而应用技术大学转型的主体是部分地方本科院校和新建本科院校。

应用技术大学致力于构建以市场需求和素质提升为导向的应用型、创新型人才培养体系，培养综合素质高、理论知识扎实、实践能力强、具有创新创业精神的高层次技能型人才，并通过技能型创新人才培养和应用性技术研发，来服务地方经济和社会发展。[1] 其在三螺旋协同创新中的作用主要体现在通过与企业和政府合作进行应用科学研究，运用基础科学领域创造的理论知识进行技术创新，从而解决生产、生活中的实际问题，发明新技术、创造新工艺和新方法，促进经济社会不断发展。[2] 在知识链中与企业同处于中下游，在协同创新中与企业平行合作，共同研发，实现由知识到技术、由技术到生产力和产品的转化。同时，通过聘请企业技术专家兼职授

---

① 董立平：《地方高校转型发展与建设应用技术大学》，《教育研究》2014 年第 8 期。

② 严欣平、陈显明：《深化改革　走应用技术型高校发展之路》，《中国高等教育》2014 年第 Z2 期。

课、学生到企业顶岗实习、校企共建实训基地等方式实现与企业联合培养能够适应市场、满足企业要求的高素质、技能型创新创业人才。

可见，中国的应用技术大学与"革新式"创业型大学一脉相承，"革新式"创业型大学成为应用技术大学转型升级进程中重要的理论支撑和典型示范。应用技术大学在中国数量众多却资源有限，在基础设施、科研能力等方面与研究型大学有着较大差距，因此，通过创业型大学建设来体现自身特色与优势，从而实现赶超与升级，是一条值得尝试的实践路径。本书通过对温州大学创业型大学建设的研究来探索"革新式"创业型大学在中国的实践路径。

温州大学是一所地方综合性大学，立足于所在区域得天独厚的创业条件和深厚的创业文化，将创新精神和创业能力融入各个教学环节，大力开展创新创业教育，鼓励大学生进行创业实践，并面向地方区域经济建设和社会发展，实现专业与产业的良性互动，加速区域产业的转型升级。① 温州大学自 2001 年开展创业教育以来，经过 20 多年的探索，温州大学的创业教育不仅日趋成熟，而且在人才培养、科学研究和社会服务方面呈现出一些创业型大学的特征。

成立创业人才培养学院即创业学院，构建四层次联动式创业实践平台，如图 3 - 6 所示。为了保障创业教育的深化和实践，温州大学于 2009 年成立了创业学院，创业学院整合了温州大学、当地企业与政府的各类创新创业资源，开展创业教育、创业实践与创业孵化，是创业型大学建设的核心组织。② 在创业学院内构建起"创业先锋班—创业工作室—学院创业中心—大学生创业园"四层次创业实践平台。第一层次平台是成立创业先锋班，将创业教育融入日常教学的各个环节。通过改革课程体系，使创业教育课程与专业课程

---

① 蔡袁强：《地方大学的使命：服务区域经济社会发展——以温州大学为例》，《教育研究》2012 年第 2 期。

② 梁镜源：《中国创业型大学建设的基本模式及发展取向研究》，硕士学位论文，东北师范大学，2013 年，第 45 页。

相互融合；邀请成功的创业家开设创业体验式课程与讲座，并利用实践教学环节加强对学生创新创业能力的培养。① 第二层次平台是利用创业工作室开展大学生创业实践，并进行项目的初级培育。创业工作室将分散的、自主的创业意识及时转化为创业实践，一般由5—7 名学生自愿组合，自发组建，这是大学生创业实践活动的基础载体。在此基础上筛选运营良好，有发展潜力的创业工作室进入第三层次平台学院创业中心。创业中心是提升平台，由专业的创业导师对创业项目进行全过程指导，经过一段时间的培育，再推荐和输送好的项目及团队进入第四层次平台——大学生创业园。大学生创业园是孵化平台，对入园的大学生创业项目无偿提供场地和其他基础设施，促使那些有创业成效和发展前景的创业项目得到孵化与提升。

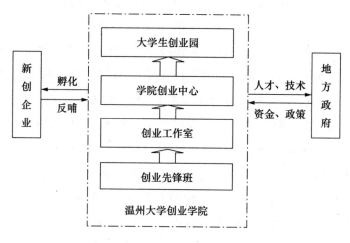

图 3 - 6　温州大学创业组织结构

大学生创业项目在创业园不断发展壮大，最终成长为新创企业。在创业孵化过程中，地方政府在资金、税收、政策等方面对创业学

---

① 巫明川：《具有地方特色的创业教育——以温州大学为例》，《创新与创业教育》2010 年第 2 期。

院给予扶持和倾斜。同时，创业学院应结合地方经济、产业结构特点，重点培育地方优势产业项目，在项目中培养地方经济社会发展急需的创新创业型人才。创业学院通过与地方企业的合作，促进了科技成果转化，加速了地方产业的转型升级。温州大学利用其在知识创造、人才聚集和仪器设备等方面的优势，通过参与企业技术革新、成果转让等方式，促进科技成果转化为生产力，完善其服务地方经济的功能。① 另外，通过参与地方经济、社会、文化、科技发展的调研、论证和研究，充当地方政府政策制定的智囊团和思想库。针对地方经济社会发展中全局性、战略性、前瞻性的重大理论和现实问题，做全面、深入的战略研究，为地方政府提供决策支持。②

可以发现，研究型大学和应用技术大学在创业型大学建设中的组织结构及运作模式有所差异，但两种类型的创业型大学都与创新型国家的建设有着内在一致性，以建设创业型大学来带动创新型国家的建设，无疑是一条可行性实践路径。③ 清华大学沿着"引领式"道路向创业型大学迈进，与麻省理工学院的创新创业模式类似，通过自身的科技与人才优势聚集大量的外部资源，并创办高技术产业。通过资源的有效整合，实现将科学、技术上的优势转化为生产力和资本。在建设过程中，通过加强与政府、企业的联系，促进创业活动的展开；麻省理工学院创造了 128 号公路的神奇，而清华科技园因其强大的创新创业能力而越发璀璨。④ 温州大学通过"革新式"发展向创业型大学转型，与沃里克大学的发展模式类似，即发

---

① 黄兆信、曾纪瑞、曾尔雷：《以岗位创业为导向的人才培养体系研究与实践——以温州大学为例》，《教育研究》2013 年第 6 期。

② 蔡袁强：《地方大学的使命：服务区域经济社会发展——以温州大学为例》，《教育研究》2012 年第 2 期。

③ 邹晓东、翁默斯、姚威：《我国"革新式"创业型大学的转型路径——一个多案例的制度考察》，《高等工程教育研究》2014 年第 2 期。

④ 黄英杰：《走向创业型大学：中国的应对与挑战》，《清华大学教育研究》2012 年第 2 期。

挥地方大学与当地政府、企业联系密切的优势，重视创业教育与引
导，通过应用研究与技术创新领域的协同创新来促进当地经济社会
发展。沃里克大学与 300 多家企业建立起合作关系，共同组建了
"沃里克制造业集团"；而温州大学也与当地企业紧密联系，在产品
研发、技术革新以及人才输送上为企业提供支持。[①]

　　中国的创业型大学虽然做出了一些有益的探索，也取得了一些
实践效果，但转型之路才刚刚起步，国内外的众多实践案例说明，
创业型大学是三螺旋快速上升的推进器，其创业职能决定了它在经
济与社会发展中已经由社会次要机构上升为主要机构，不仅是创新
活动的源泉，而且已成为区域协同创新的组织者和领导者。[②]

　　（二）企业

　　近 40 年来，中国经济飞速发展，经济总量已于 2010 年超过日
本，成为仅次于美国的世界第二大经济体。特别是 2008 年爆发的国
际金融危机之后，中国经济依然保持较快增长，2014 年，在政府着
眼长期中高速发展、提升发展质量的宏观政策下，中国 GDP 依然保
持了 7.4% 的增幅，经济总量达到了 63.6 万亿元。科技投入连年增
加，全国 R&D 经费投入从 2004 年的 1966.3 亿元增长到 2013 年的
11846.6 亿元，占 GDP 比重也由 2004 年的 1.23% 上升为 2013 年的
2.08%（见图 3 - 7）。说明中国的科技投入呈现出良好的发展势头，
在知识经济背景下，通过科技进步推动创新型国家建设的步伐正在
稳步推进。

　　从 R&D 经费支出的主体来看，企业所占比重最大，并且呈上升
趋势。企业 R&D 经费支出占 R&D 经费总量比重从 2003 年的
62.4% 上升到 2012 年的 76.2%（见图 3 - 8）。因此，企业在我国
科技创新体系中的主体地位稳步增强，在提升国家自主创新能力、

---

　　① 梁镜源：《中国创业型大学建设的基本模式及发展取向研究》，硕士学位论文，
东北师范大学，2013 年，第 45 页。
　　② 王雁、李晓强：《创业型大学的典型特征和基本标准》，《科学学研究》2011 年第
2 期。

推进创新型国家建设方面发挥着不可替代的重要作用。创新是中国企业在竞争中取胜的有效途径，企业只有不断创新，才能拥有自己的核心技术，适应不断变化的外部环境，并实现可持续发展。[①]

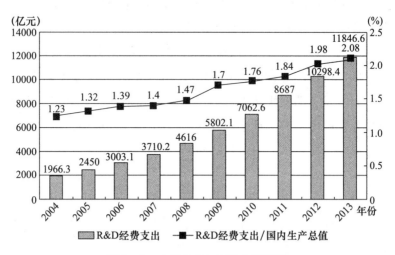

图 3 – 7　中国 R&D 经费支出情况

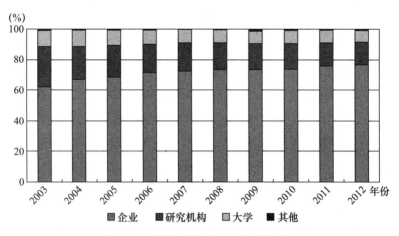

图 3 – 8　中国 R&D 经费支出机构分布

[①]　马伟、王庆金：《协同创新视角下企业可持续发展研究》，《财经问题研究》2014年第 7 期。

图 3 - 9 显示，中国企业在 R&D 经费支出方面的比重与其他创新型国家相当，而大学所占比重偏低。这说明中国企业已经成为科技创新主体，具备了与市场经济国家相似的创新特征，企业在市场经济环境中表现出了极大的创新热情。

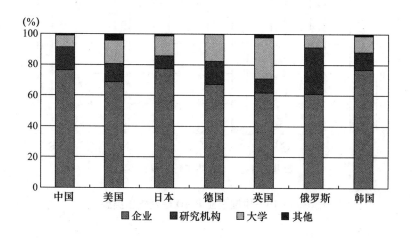

图 3 - 9　部分国家 R&D 经费支出机构分布

为了进一步分析中国企业在科技创新中的表现，图 3 - 10 反映出了企业所从事科技创新类型的变化趋势。三种类型中试验发展所占比重最大，并且有逐年上升的趋势，从 2004 年的 89.2% 发展到 2012 年的 96.9%。应用研究所占比重在 2008 年下降到低谷后，最近几年表现出缓慢上升的趋势，但仍然很低，2012 年仅占 3.0%。基础研究所占比重则更低，2012 年仅为 0.09%。这说明中国企业在科技创新中主要从事试验发展方面的工作，即利用现有的知识，进行新产品开发、新工艺和新材料的升级改造等，在这一过程中并不增加科学技术知识。中国企业从事试验发展方面科技创新的比重与科技发达国家相比明显过高，说明中国企业在核心技术方面创新能力不强，以渐进式的技术、工艺改进为主，缺乏革命式的基础性重大创新。在许多技术革命频发的基础性行业，如集成电路、基础软件、汽车发动机、液晶面板行业,中国产业的核心技术仍然严重依赖国外。①

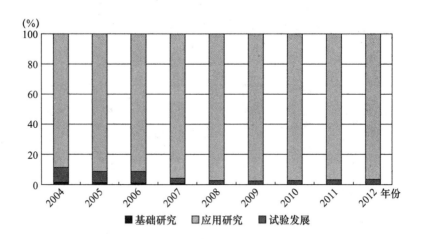

图 3 - 10　中国企业 R&D 经费支出类型

　　随着科技的发展和知识经济的深入,技术的复杂性与融合性、创新的不确定性加剧,重大及核心领域的创新活动更依赖于多学科、多领域、多机构主体的交流与合作。中国企业单靠自身的力量已不能满足对创新的需求,因此,为了提高成功的概率,降低风险成本,一些成功企业与大学、政府、研究机构等联结形成协同创新合作网络。② 三螺旋理论正是契合了企业的这种需求,将企业、大学和政府三个主体紧密结合在一起,创新过程中三者相互作用、互为补充,促进创新成果的产生和转化,给企业带来效益,使其在市场竞争中处于有利位置。

　　中国企业在三螺旋中的作用可以通过其技术获取的途径表现出来,如图 3 - 11 所示。可以看出,三种技术获取途径中引进技术所占比重最大,最近几年虽有下降趋势,但 2012 年仍达到 378 亿元,

---

① 何郁冰:《产学研协同创新的理论模式》,《科学学研究》2012 年第 2 期。

② 陶春:《企业协同创新的实现途径》,《中国科技论坛》2013 年第 9 期。

占总额的 53.9%。而用于消化吸收的经费相对较少，2003 年仅为 27.1 亿元，占总额的 5.6%，即使 2012 年增长到 146 亿元，也只占总额的 20.8%。而当年实施"引进—吸收—再创新"战略的日本企业投入到科技消化吸收的经费是技术引进经费的 5—7 倍。这说明中国企业更注重技术引进，它们投入大量资金用于购买国外技术，但是，对引进技术的消化吸收经费投入却始终不足。中国企业在一些关键和重大技术领域对国外技术依赖程度高，受制于国外企业，投入大量资金技术引进的同时也支付了高额的专利使用费。企业对于自身的技术消化吸收能力重视不够，而技术吸收能力是企业识别、获取、转化和应用外部新知识的能力，企业要想通过有效利用大学、研究机构、政府等提供的科技资源来实现协同创新，就必须提高自身的技术吸收能力。

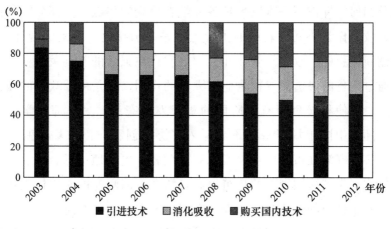

图 3-11 中国企业技术获取经费支出比例

　　总体来看，中国企业虽然创造出巨大的社会财富，带动了中国经济的快速发展，但其创新能力却滞后于经济发展，这对中国经济发展的可持续性提出了巨大的挑战。[1] 虽然中国企业在自主创新道

---

[1] 刘慧、陈晓华、吴应宇：《基于异质性视角的中国企业创新决策机制研究》，《中南财经政法大学学报》2013 年第 3 期。

路上取得了一些成就，涌现出了像华为、中兴、阿里巴巴、百度、腾讯等一些在国际上有影响力的高科技企业，但是，中国制造业企业的整体创新能力不强。中国企业的技术创新大多集中在产品的升级改造、工艺改进等跟踪模仿型创新或渐进改良型创新，在核心技术领域难以取得有突破性的创新成果，尚未形成创新驱动的发展模式。在协同创新方面，由于企业自身的技术吸收能力不强，与大学和政府的合作以浅层次的技术转让、工艺指导等形式居多，因此，应当鼓励企业通过与大学和政府开展深度的、高层次的协同创新，不断创造和获取最前沿的科学研究成果并快速实现产业化，从而提高中国企业的自主创新能力和国际竞争力。

（三）政府

政府作为三螺旋的主体之一，在中国创新型国家建设中的作用以及如何发挥作用一直以来是各方学者争论的焦点。一部分学者认为，政府作为协同创新中的主导力量是中国特色，也是中国优势，在创新过程中，政府与企业和大学之间存在强烈的互动关系，并可以通过角色的渗透而发挥企业和大学的作用，正是由于政府的强力介入，才使科技创新有现阶段的积极发展态势。另一部分学者认为，随着中国市场经济的不断深入，协同创新应以市场机制为导向，科技资源在市场中可以实现高效配置，更多地依靠企业、大学等机构来实现协同创新的自组织和自协调，而政府的作用体现在创造有利于创新的环境氛围和基本的政策保障。[①] 在不同的历史阶段和不同的情景下，中国政府在协同创新中发挥的作用有所差异。

由于中国的经济体制是由计划经济发展而来的，在计划经济时代，政府在科技创新中起主导作用，科技资源的配置、科技发展的方向以及科技人才的培养等都是由政府来统一支配。这一时期，在政府的主导下，中国的科技创新在重大技术领域取得了一些突破，

---

① 李世超、蔺楠：《我国产学研合作政策的变迁分析与思考》，《科学学与科学技术管理》2011年第11期。

如两弹一星的研制、大庆油田的勘探等都是采取了政府直接组织大学、企业、研究机构等各方机构进行联合或合作创新的模式。①

改革开放以来，中国开始向市场经济转变，随着企业自主经营权的扩大，企业的创新活力增强，原有的科技体制已不能满足企业对科技创新的需求。因此，政府通过出台一系列涉及科技组织、人员管理、物资供应、成果奖励等方面的科技激励政策，来对中国科技体制进行改革。② 进入 20 世纪 90 年代后，国家经贸委、国家教委、中国科学院启动了"产学研联合开发工程"，这标志着中国政府在工作计划和实施日程中正式启动了产学研合作工程，从制度、政策、环境上鼓励合作创新。③ 随后，相继颁布了《中华人民共和国科学技术进步法》和《中华人民共和国促进科技成果转化法》，将"鼓励合作创新、促进科技成果转化"以法律形式集中体现。2001 年，科技部、国家经贸委提出"积极推动企业与大学、研究机构联合建立专业或综合性的行业工程技术中心"。④ 通过这一系列政策法规的颁布实施，政府初步构建起协同创新的环境氛围，并在实施过程中发挥着主导作用。

2006 年，胡锦涛提出："要建设以企业为主体、市场为导向、产学研相结合的技术创新体系。"这意味着政府将产学研合作上升到了建设创新型国家的高度，纳入国家创新体系建设，同时确立了企业在合作创新中的主体地位，而政府起到了政策保障的辅助作用。⑤ 虽然市场经济不断完善，但是，由于中国的市场经济体制不是由基础经济缓慢演变自发形成的，而是在实行长期的计划经济

---

① 王飞绒、吕海萍、龚建立：《政府在产学研联合中的影响分析——基于浙江省产学研调查情况》，《中国科技论坛》2003 年第 3 期。
② 李世超、蔺楠：《我国产学研合作政策的变迁分析与思考》，《科学学与科学技术管理》2011 年第 11 期。
③ 张米尔、武春友：《技术入股型产学研合作创新的道德风险分析》，《研究与发展管理》2001 年第 2 期。
④ 李世超、蔺楠：《我国产学研合作政策的变迁分析与思考》，《科学学与科学技术管理》2011 年第 11 期。
⑤ 同上。

后，在政府的外力作用下在短期内建立起来的，市场本身对资源的配置和激励作用有限，容易导致市场失灵的发生。因此，中国政府的职能超出了资本主义市场经济条件下对市场干预的程度和范围，为保障市场经济的有效运转和创新型国家建设政府应当发挥强有力的作用。①

2015 年 1 月 21 日，在瑞士举办的达沃斯论坛上，中国总理李克强提出，中国经济要行稳致远，必须深化改革创新，要用好政府和市场的两只手，启动双引擎：一是要使市场在资源配置中起决定性作用，培育打造新引擎；二是要更好地发挥政府的作用，改造升级传统的引擎。助力中国经济"双中高"发展——长期保持中高速增长，迈向中高端水平。李克强总理对于新时期中国在改革创新中市场与政府的关系做了全新的定位。

"打造新引擎"，主要是指推动"大众创业、万众创新"，释放民智民力，增进大众福祉，推动创新资源的纵向流动，促进社会公平正义。新引擎不仅涉及经济和科技领域，而且扩展到了民生福祉领域。在创新过程中，要充分发挥市场的潜力和效率，进一步健全市场经济体制和摆脱种种束缚。"凡是市场能够做到的让市场来做"，这意味着放开微观市场，放松各种市场管制，拆除市场中的很多樊篱；同时政府将下放诸多权力，尤其是投资审批权力。因而，就政府而言，重要的是减、放、管。"减"主要是指政府减政，即进行行政管理体制改革。"放"是指政府向市场放权，按经济规律办事。"管"的含义则是政府把该管的事管好。

"改造传统引擎"，主要是指增加公共产品和公共服务的供给，补齐"短板"，通过转变政府职能，进行体制创新，从"经济建设型政府"向"现代服务型政府"转变。政府在创新中从主要依靠投资转向依靠效率来发挥作用。长期以来，中国政府偏重经济调控和

---

① 陈明、郑旭、王颖颖：《关于产学研合作中政府作用的几点思考》，《科技管理研究》2011 年第 12 期。

市场监管，忽视了公共产品和公共服务的提供，导致教育、卫生医疗、生态环保等公共产品和服务投入不足。因此，中国经济总量增长很快，但是，环境资源的损耗过大，经济增长模式较为粗放。实现"大众创业、万众创新"，需要创新型人才，人才培养需要政府提供教育等公共服务。如果政府提供的义务教育、职业培训、高等教育等公共服务充分到位，就能提高劳动者的知识和技能，从而提高创新系统的运行效率，促进经济社会的可持续发展。因此，通过健全公共服务来提高全民素质、培育创新环境，是经济健康发展的重要保障。政府通过加大财政投入来增加公共产品和公共服务的供给，同时加大投融资、价格体制改革，积极动员社会力量参与，通过改革释放市场活力，让更多的人共享改革的红利。因此，在当前的创新型国家建设过程中，中国政府应在强化其主体地位的同时通过转变参与方式来促进三螺旋协同创新体系的演化升级。

二 从产学研合作到官产学研协同创新

产学研合作在国际上被定义为"industry – university"，并不包括研究机构，但是，在我国将研究机构纳入其中是符合我国国情的，这也是我国与国际上对产学研合作界定的区别。在我国并没有对企业与大学和研究机构之间的合作赋予统一的概念，学者大多将其称为产学研合作、产学研联盟或者产学研一体化等，对于其究竟该如何表述，国际上目前还没有形成统一的说法。我国的大部分研究机构都相继进行了改制，即由原先的公共机构转变为企业制度，在某种程度上说，我国的产学研合作实际上是产学合作，这与国际上最初的概念比较符合。

产学研合作最初是为表述企业与大学、研究机构之间的合作，随着合作的深化，产学研合作的内容越来越宽泛，其内涵也在不断扩展，因此是一个动态的概念。产学研合作的概念随着合作内容的扩展而丰富，并对合作形式与内容进行总结。产学研合作的最初期，可以将其定义为产业界为了解决其自身发展中人才及技术缺乏的问题，寻求大学与其进行合作的一种行为即"威斯康辛思想"。

威斯康辛认为，大学为了解决当地农业转型过程中存在的问题便主动与当地的企业合作，帮助企业解决其生产与管理上的问题。由此可见，当时大学要为社会发展服务成为产学研合作的核心理念。企业在发展中遇到了技术问题，随之与大学和研究机构按一定的方式建立合作关系，技术的供需双方达成一致，将技术从实验室推向市场或者是以解决企业技术问题为目的的产业界与学术界的结合。

产学研合作是指在市场机制的引导下，以企业为主导，大学和研究机构共同参与，三方紧密合作推动科学发展与技术进步，并通过科技成果转化取得一定的经济效益。对来自企业、大学、研究机构的各类创新资源进行整合与优化配置，使知识生产、技术应用与产品开发融为一体，加快了知识资本化和技术产业化的速度。中国的产学研合作经历了20多年的发展历程，取得了一定的成果与效益，探索出优势互补、利益共享、风险共担的合作创新模式，在推动国家创新体系建设与经济社会发展方面发挥了重要作用。但同时也出现了市场机制失灵、资源匹配度低、地区和产业发展不均衡、科技成果转化率低、政策监管不完善等产学研各方难以解决的实际问题。政府在产学研合作中作为外部支持者和政策制定者而隐性地参与合作，政府所关注的焦点包括：维护市场竞争秩序，为了调整市场的非均衡性，通过财政和税收手段来调控宏观经济运行指标等，但是，越来越多的研究和案例表明，产学研合作创新对政府在运行机制、资金投入、组织激励、利益分配、技术转移等方面有强烈的需求。

在当前的经济形势下，处于转型经济中的中国企业自身的发展遇到危机，需要通过政府的支持来渡过难关。在企业创新需求与大学对接和耦合的基础上，政府的资源统筹与整合能力及其掌握的全面性信息资源能够发挥显著作用；从资源整合角度来看，各类资源在创新主体之间扩散流动、匹配利用的过程中，政府角色的加入对于运行、激励、分配以及应用推广均能起到促进作用。在知识经济时代，大学、企业和政府在创新系统中具有同等重要的地位和作用。

在此背景下，有学者提出了更为广义的产学研合作概念，试图将产学研合作进行更为全面的概括，其表述形式也从"产学研合作"演变为"官产学研协同创新"。官产学研协同创新是以企业、大学和研究机构为主体，以政府、金融机构和中介服务机构为辅助，依据一定的市场规则结合，进行知识与物质资源的共享及交换，也实现了技术革新、人才培养以及推动经济等目的，是系统化行为。官产学研协同创新是合作各方以资源共享或优势互补为前提，以共同参与、共享成果、共担风险为准则，为共同完成一项技术创新所达成的分工协作的契约安排，以企业为技术需求方、以大学、研究机构为技术供给方的研发合作是主要形式。这一概念能够真正地体现企业与学术界交流的真实情况，产学研从诞生之初发展到现在已经不再仅仅是针对技术问题的解决，还衍生出多种其他的合作功能，比如人才培养、联合教育等。

三　中国的三螺旋资源整合机制

中国大学、企业、政府协同模式是沿着中国政治经济的历史发展进程而缓慢演进的。中国的经济体制经历了从计划经济到市场经济转变的发展过程。在计划经济体制下，中国的三螺旋模式是国家干预主义模式，企业和大学受到政府的控制，随着改革开放，企业环境越来越开放，大学也逐渐有更多的自主权，并且更加倾向于同企业合作。但是，作为资源有限的发展中国家，决定了我们要将有限的资源合理运用到适当的发展方向。① 根据中国大学、企业、政府在协同创新中的关系演化，将三螺旋协同创新在中国的实践过程分为政府主导、大学作用提升、企业主导和政府职能转变四个发展阶段：

（一）第一阶段：1978 年改革开放到 20 世纪 90 年代中期的政府主导阶段

在 1978 年全国科学大会上，邓小平指出，四个现代化的关键是

---

① 柳岸：《我国科技成果转化的三螺旋模式研究——以中国科学院为例》，《科学学研究》2011 年第 8 期。

科学技术现代化、科学技术是生产力等重要论述，标志着中国政府将科技发展提升到了重要的战略地位，恢复和大力发展科技工作正式启动。[①] 1985 年出台的《关于科学技术体制改革的决定》标志着科技体制改革进入到有组织、有步骤的全面实施阶段。[②] 随后，政府又出台了相关激励科技发展的政策。

随着科技体制改革的稳步推进，科技与经济发展脱节的问题逐渐显现，在这一背景下，国家经贸委、国家教委和中国科学院在 1992 年启动了"产学研联合开发工程"，标志着中国的产学研合作步入正轨。

这一阶段，中国的经济体制结构依然是计划经济为主，处于计划经济向市场经济过渡的初始阶段。政府在科技合作中起主导作用，企业和大学受到政府的控制。政府通过出台政策和启动专项计划，强制性地控制一些国有企业和大学开展合作，共同解决一些重大的科学、技术、军事问题，合作项目的内容由政府指定，在当时的经济和社会环境下，这种模式取得了一定成效，获得了一大批科研创新成果。[③] 技术转让、项目合作、大学衍生企业成为这一阶段的主要合作模式。然而，当经济体制开始由计划经济向市场经济转型之后，政府主导的协同创新由于缺乏有效的激励机制和运行机制，合作过程中科技创新效率低下、企业技术吸收能力和创新意识不强等问题逐渐暴露。

（二）第二阶段：20 世纪 90 年代中期到 2006 年的大学作用提升阶段

随着经济、科技体制改革的深入，为了克服传统体制下企业缺乏创新动力、大学科研水平低、多元化社会科技投入体系尚未形成

① 李世超、蔺楠：《我国产学研合作政策的变迁分析与思考》，《科学学与科学技术管理》2011 年第 11 期。

② 江诗松、李燕萍、龚丽敏：《中国产学研联结的发展历程、模式演化和经验教训》，《自然辩证法研究》2014 年第 4 期。

③ 赵强、孙莹、尹永强：《科技资源整合与产学研合作问题研究》，东北大学出版社 2014 年版。

等诸多问题，中国政府将"科教兴国"作为这一阶段的战略导向。1995 年，《关于加速科学技术进步的决定》提出，要"切实把经济建设转移到依靠科技进步和提高劳动者素质的轨道上来"，推动实施"科教兴国"。随后，提出了建设以知识创新系统、技术创新系统、知识传播系统和知识应用系统为主体的国家创新体系，并以此作为实施"科教兴国"国家战略的重要突破口，并将知识整合作为实现目标的重要路径。

大学作为知识生产的源泉在"科教兴国"战略中承担着科学研究和创新性人才培养的双重使命。中国先后于 1995 年实施"211 工程"，1998 年实施"985 工程"，通过安排中央专项资金，对一批研究型大学在机制创新、队伍建设、平台和基地建设、条件支撑和国际交流与合作等方面进行重点建设，实现了这批重点大学在科学研究、人才培养、社会服务等方面的跨越式发展。

1999 年，中国的高等教育开始实施不断扩大招生人数的教育改革政策。大学的招生人数和录取比例连年大幅度增加。大学扩招虽然带来了诸如教育质量下滑、基础设施不足、大学生就业压力等弊端，但总体来看还是对中国的经济社会发展带来了积极影响。全国大学录取人数从 1998 年的 108 万人增长到 2006 年的 530 万人，录取率从 1998 年的 34% 增长到 2006 年的 61%，高等教育毛入学率达 15%，取得了很大的规模效应。大幅度提高了国民素质，缩小了与国外受教育水平的差距，完成了中国高等教育从精英教育向大众化教育的转变。同时，为社会培养了数以万计的高素质人才，为中国的科技创新提供了大量的人才储备。

这一阶段，由于政府对大学的政策支持和大量的资金投入，使大学集中了国家主要的科研力量，在培养大量高素质创新型人才的同时，也取得了大量的科研成果，发表学术论文数量、成果鉴定数量、专利申请数量逐年攀升。同时，大学所获创新成果的知识产权通过法律形式予以保护，明确了对于政府资助大学实施的科技项目的知识产权属于大学，这项改革被称为中国版的《贝耶—多尔法案》。在协同创新中主要以技术转让、合作研发、产业工程研究中心为主。然而，大学创造出的大量创新成果却又难以转化为生产力，并实现经济效益，甚至一些应用型研究也没有实现产业化的市场前景，其原因主要是企业既没有以自身科技与人才实力为支撑的技术吸收能力，又缺乏与大学开展合作的需求与动力。[①]

（三）第三阶段：2006—2012 年的企业主导阶段

2006 年召开的全国科学技术大会是国家创新体系建设的重要里程碑。大会明确提出了"自主创新、重点跨越、支撑发展、引领未来"的新时期科技工作方针，将自主创新确立为新的国家战略，提出中国在 2020 年要进入世界创新型国家行列。

这一阶段，在"建设以企业为主体、产学研结合的技术创新体系"的战略指引下，产学研合作被提升到了重要的战略地位，仅 2006—2010 年五年间，中央政府就颁布 95 项推进产学研合作开展方面的政策法规。[②] 这些政策呈现出一些新的特点：一方面体现出企业在协同创新中的主导地位，创新活动要首先能够满足企业的科技需求，吸纳企业全过程参与，积极引导和鼓励各类创新资源向企业聚集，使企业成为创新过程中技术研发和成果应用的主战场；另一方面依托国家科技计划和重大专项，如国家"863"计划、"973"计划等，通过大学、企业、政府等机构的协同创新来实现重点领域、关键技术和基础学科领域的科技攻关，从而掌握一批关键领域的核心技术，实现跨越式发展。[③] 三螺旋协同创新模式主要有专利许可、联合攻关、技术转让、共建研发实体等。

这一阶段，随着企业在创新中的活力不断显现和技术转移环境的优化，技术市场在优化配置科技资源中的作用得到充分发挥，技

---

① 张米尔、武春友：《技术入股型产学研合作创新的道德风险分析》，《研究与发展管理》2001 年第 2 期。

② 李世超、蔺楠：《我国产学研合作政策的变迁分析与思考》，《科学学与科学技术管理》2011 年第 11 期。

③ 张煊、孙跃：《产学研合作网络的创新效率研究——来自中国省域产学研合作的数据证明》，《山西财经大学学报》2014 年第 6 期。

术交易活力持续释放，科技成果转化成果显著，截至 2012 年，全国
已成立技术交易服务机构 26000 多个，国家技术转移示范机构 275
家，当年共成交技术合同 282242 项，成交金额 6437 亿元，为促进
协同创新和技术转移提供了重要支撑。①

（四）第四阶段：2012 年至今的政府职能转变阶段

面对新的国内国际形势，政府在三螺旋创新系统中的作用被重
新定位。在当前全球经济一体化和科技竞争日趋激烈的时代背景
下，一些重大的科技研究、关系国计民生的基础性研究以及军事领
域的研究依靠企业和大学的力量已无法完成，必须依靠政府的参
与。2012 年，党的十八大提出："推动科技和经济紧密结合，加快
建设国家创新体系，着力构建以企业为主体、市场为导向、产学研
相结合的技术创新体系。""深入推进政企分开、政资分开、政事分
开、政社分开，建设职能科学、结构优化、廉洁高效、人民满意的
服务型政府。"2013 年，十八届三中全会通过的《中共中央关于全
面深化改革若干重大问题的决定》提出：全面正确履行政府职能，
处理好政府和市场关系，使市场在资源配置中起决定性作用，更好
发挥政府作用的关键环节。2015 年 1 月 14 日，国务院常务会议决
定设立国家新兴产业创业投资引导基金，支持"大众创业、万众创
新"，用"市场化"方法，把整个基金"运作"起来。2015 年的政
府工作报告提出实施"互联网＋"行动计划，通过跨行业、跨组织
机构、跨地域的协同创新来推动移动互联网、云计算、大数据、物
联网等与现代制造业深度融合发展。2015 年 10 月，修订后的《中
华人民共和国促进科技成果转化法（2015 年修订）》正式施行，加
大加快大学、研究机构的成果向企业、向社会转化的速度、效率以
及利益分配机制；进一步明确研究机构成果转化的法定义务，同时
加强对这项转化工作的考核，包括加强国家层面的技术创新体系建

① 江诗松、李燕萍、龚丽敏：《中国产学研联结的发展历程、模式演化和经验教训》，《自然辩证法研究》2014 年第 4 期。

设。2016 年 8 月，教育部、科技部出台了《关于加强高等学校科技成果转移转化工作的若干意见》，提出高校要加大产学研结合的力度，支持科技人员面向企业开展技术开发、技术服务、技术咨询和技术培训；还要创新科研组织方式，组织科技人员面向国家需求和经济社会发展积极承担各类科研计划项目，积极参与国家、区域创新体系建设，为经济社会发展提供技术支撑和政策建议；高校作为人才培养的主阵地，更要引导、激励科研人员教书育人，注重知识扩散和转移，及时将科研成果转化为教育教学、学科专业发展资源，提高人才培养质量。

这些政策的实施充分地体现出政府在科技创新中职能的转变。在创新投入方面，原有的政府通过专项资金进行项目投资的方式过于单一，并且存在诸如资金使用效率低、成果转化率低、容易产生"寻租"空间等弊端。而通过政府设立基金的方式，把几项战略性产业基金、财政专项等合并起来，盘活使用，并委托若干家公司经营，市场化运作，更大力度支持科技创新型企业。政府在三螺旋协同创新中应尽量选择基础性研究、公共产品与公共服务的投入以及知识整合链上游的创新活动，更多地扮演制度和环境创造者的角色，只有在市场失灵的情况下，政府才会扮演创新系统领导者的角色，从全能政府转向有限政府。同时，加大公共产品和公共服务供给，比如协同创新平台建设、牵头组建技术创新战略联盟、共建科技园等合作模式，通过"现代服务型政府"来创造良好的协同创新环境。

第五节　中国三螺旋协同创新案例研究
——以中关村为例

一　中关村官产学研协同创新发展现状

中关村国家自主创新示范区（以下简称中关村）起源于 20 世

纪 80 年代初的"中关村电子一条街",是我国第一个国家自主创新示范区。经过近 30 年的发展建设,中关村已经集聚了大量的创新资源,建立起了较为完善的官产学研协同创新的体制和机制,成为中国创新集群的标杆和协同创新体系建设的旗帜。[①] 2013 年,中关村示范区实现总收入超过 3.05 万亿元,同比增长 20% 以上;高新技术企业增加值超过 4100 亿元;企业利润总额 2265 亿元,同比增长 26.6%;实现出口 336 亿美元,同比增长 28.5%;企业科技活动经费支出 1165 亿元,同比增长 27%,各项经济指标均名列国内各创新集群前列。中关村的快速发展得益于其区域内聚集着国内顶尖大学和研究机构、大量高科技企业和政府的政策支持,通过创新主体间的互动协作实现了创新资源的扩散与流动,是典型的三螺旋协同创新系统,因此,对中关村的研究可以验证三螺旋理论对中国创新实践的指导作用,并为完善中国的三螺旋模型提供借鉴。

目前,中关村已经聚集了以联想、百度为代表的高新技术企业近两万家,形成了下一代互联网、移动互联网和新一代移动通信、卫星应用、生物和健康、节能环保、轨道交通六大优势产业集群,集成电路、新材料、高端装备与通用航空、新能源和新能源汽车等四大潜力产业集群和高端发展的现代服务业,构建了"一区多园"、各具特色的发展格局。截至 2014 年,上市公司总数达到 254 家,其中境内 156 家,境外 98 家,中关村上市公司总市值达到 30804 亿元。

中关村是中国科教智力和人才资源最为密集的区域,拥有以清华大学、北京大学为代表的高等院校 40 多所,以中国科学院、中国工程院所属院所为代表的国家(市)研究机构 206 所;拥有国家级重点实验室 112 个,国家工程研究中心 38 个,国家工程技术研究中心(含分中心)57 个;大学科技园 26 家,留学人员创业园 34 家。

中关村围绕国家战略需求,取得了大量的关键技术突破和创新

---

① 陈劲、吴航、刘文澜:《中关村:未来全球第一的创新集群》,《科学学研究》 2014 年第 1 期。

成果，涌现出汉卡、汉字激光照排、超级计算机、"非典"和人用禽流感疫苗等一大批重大科技创新成果，为航天、三峡工程和青藏铁路等国家重大建设项目实施提供了强有力的支撑；中关村企业获得国家科技进步一等奖超过50项，承接的"863"计划项目占全国的1/4，"973"计划项目占全国的1/3；创制了TD-SCDMA、Mc-Will、闪联等86项重要国际标准，798项国家、地方和行业标准。

在创新投入方面，中关村创新人员和科技经费投入规模均保持较快增长。2013年，科技活动经费支出达1319.8亿元，比上一年增加28.1%（见图3-12）；科技活动人员50万人，比上年增加9.8万人。在创新人才投入强度方面，中关村领先于全国产业集群的平均水平，2013年每千名从业人员中科技人员263.3人，比全国115个国家级高新区平均水平高出86.2人。

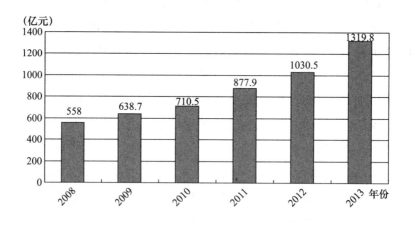

图3-12 中关村科技活动经费支出

在创新产出方面，专利申请和授权数量提升迅速。2013年，中关村企业专利申请37782件，获得专利授权20991件（见图3-13），增速分别达到34.2%和36.2%。从专利申请类型来看，2013年企业申请发明专利22506件，同比增长29.4%，发明专利申请占企业专利申请的59.6%，专利申请结构不断优化。

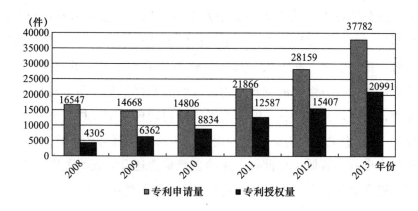

图 3 – 13 中关村企业专利申请与授权量

从创新效率来看，中关村 2013 年每百亿元 GDP 增加值有效发明专利量为 674 件、发明专利申请量为 532 件、发明专利授权量为 157 件，均大大高于北京市和全国的平均水平（见图 3 – 14）。但是，与创新发达国家仍有较大差距，世界创新能力最强的国家瑞士，每投入百亿元产生的有效发明专利在 3000 件以上。

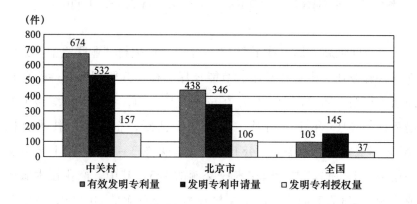

图 3 – 14 中关村 2013 年每百亿元 GDP 增加值发明专利数量

通过与硅谷的比较可以发现，中关村从业人员数量与硅谷相当，而企业数量却远少于硅谷，说明中关村中小企业的创新创业活力不是，部分从业人员从事的是劳动密集型工作，创新能力有待提升。
而科学与工程人才培养方面，中关村凭借其集中的大学和研究机构
优势，授予学位7.9万人，远高于硅谷的1.5万人（见表3-1），
这表明中关村有强劲的创新潜力。发明专利授权量，中关村与硅谷
相当，增速远高于硅谷，但万人发明专利授权量中关村仅为硅谷的
1/3。说明中关村在创新产出方面虽然表现出发展势头良好，但是，
创新产出效率较低，与世界一流的创新集群还存在较大差距，有足
够的提升空间，应着力提高其创新能力与创新效率。

表3-1 中关村与硅谷主要创新指标对比

指标	中关村	硅谷
企业数量	2万家	17.8万家
从业人员数量	138.5万	131.2万
科学与工程人才	授予学位7.9万	授予学位1.5万
发明专利授权量	12587件，同比增长42.5%	13520件，同比增长1.5%
每万人均发明专利授权量	36.0	110.8

资料来源：硅谷指数2013、中关村指数2013、美国专利商标局（USPTO）。

在协同创新方面，截至2013年年底，中关村产业联盟主要集中
在现代服务业、生物和健康、节能环保、移动互联网和新一代移动
通信等战略性新兴产业领域。在技术交易方面，近几年呈缓慢上升
趋势，而2013年中关村技术交易异常活跃，企业输出技术合同
45260项，合同成交额达2484.1亿元（见图3-15），比上年成交
额增加了1.1倍，占全国技术成交额的1/3。其中，产业技术服务
成交额达2007.1亿元，占中关村技术成交总额的80.8%；技术开
发成交额407亿元，占技术成交总额的16.4%。这说明中关村凭借
其强大的科技与人才优势成为中国最重要的科技高地，通过技术输
出的形式将科技成果源源不断地流向其他区域，在实现知识资本化
的同时，带动了其他区域和集群的科技创新，从而推动了不同区

域、不同机构和不同行业间的协同创新。

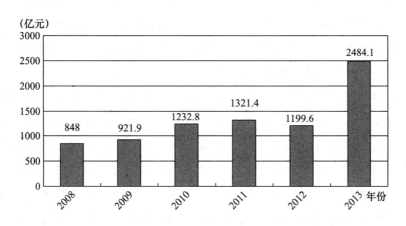

图 3 – 15 中关村企业技术输出成交额

在中关村的发展历程中，官产学研协同创新对推动区域发展起到了关键作用。在高技术企业孵化阶段，大学为转化自有的科技创新成果，发挥自身的科技与人才优势，创立了一批大学衍生企业，如同方、方正、紫光等，这些企业的成功孵化和快速成长都得益于大学、企业、政府等各方主体的协同创新。在企业发展阶段，丰富的科技与人才资源为中关村企业提供了智力支持，通过技术转让、联合实验室、委托研发等合作模式为企业提供知识与技术资源，支撑企业的可持续发展；在新兴产业的培育和重要技术标准的创制过程中，大学、企业、政府各方创新资源的整合与协同发挥着重要作用，从龙芯到 TD – LTE，无论是国家标准还是国际标准的创制都蕴含着重大的产业机遇，这些重大创新项目的实施既是三螺旋协同创新的成果，又将推动三螺旋创新系统的提升。①

二 中关村官产学研协同创新体系的特征

中关村协同创新体系包括活跃的企业创新系统、完备的政策支

① 傅首清：《中关村国家自主创新示范区核心区产学研合作体系的建设与发展》，《中国高校科技与产业化》2009 年第 8 期。

持系统和雄厚的智力支撑系统，协同创新体系的构建和良性运转使得中关村发展成为国内第一、国际领先的创新集群。① 中关村除具备一般创新集群的动态演化性与自组织性的特征外，自身的区位与资源禀赋形成了其独特的资源优势，主要体现在以下五个方面：

（一）雄厚的智力资源基础

智力资源密集是中关村最大的特色，中关村内聚集着国内顶级的大学、研究机构和国家级重点实验室，发源于本地人才和知识溢出的协同创新是中关村区别于其他创新集群的最大特点。从早期中国科学院的柳传志、倪光南创办联想，到北京大学的王选等创办方正，中关村大量高科技企业的诞生、发展与壮大，都来源于本区域大学或研究机构的知识与人才溢出。② 基于雄厚的智力基础，中关村涌现出一批重大科技创新成果，如神八、神九、神十、曙光计算机等，并带动了区域内相关产业的快速发展，产生了巨大的经济和社会效益。

（二）产业联盟成为中关村协同创新的重要载体

截至2013年，成立产业联盟156个，吸引了5300多家企业、大学等成员单位参与。特别是在优势产业集群内聚集了如长风联盟、移动互联网产业联盟、移动硅谷（北京）物联网产业联盟、未来制造业产业技术创新战略联盟、TD－SCDMA联盟等产业联盟。这些产业联盟呈现出发展速度快、辐射范围广、聚焦新兴产业等特征。产业联盟内形成了较为完善的资源整合和成果转化的运行机制，通过整合中关村内大学、企业等各类机构范畴的创新资源，形成了创新合力，提高了区域创新能力。

（三）强大的政策支持体系

政策支持是中关村协同创新体系快速发展的重要保障，通过不

---

① 陈劲、吴航、刘文澜：《中关村：未来全球第一的创新集群》，《科学学研究》2014年第1期。

② 傅首清：《区域创新网络与科技产业生态环境互动机制研究——以中关村海淀科技园区为例》，《管理世界》2010年第6期。

断的制度创新，中关村内部的体制机制朝着有利于创新资源聚集和创新成果产生的方向发展，为协同创新体系营造了良好的政策环境，对于中关村发展成为世界一流创新集群奠定了基础。① 近年来，在中关村试点实施了高端人才、成果转化、股权激励、科技金融等方面的创新激励政策，如通过开展股权激励试点来建立对科技人才的长效激励机制，在中关村区域内的大学和研究机构中进行职务科技成果试点，在国有高新技术企业中进行股权和分红权激励改革，通过这些激励试点充分激发起科技人才的创新创业热情。这些试点政策的成功实施，不仅促进了中关村科技创新的快速发展，也对中国其他产业集群起到了示范带动作用。

（四）国际化官产学研协同创新效应凸显

国际化是反映中关村快速发展的一个重要方面，通过整合配置国际要素资源来提高中关村的协同创新能力和参与国际高层次竞争的能力。英特尔、微软、IBM、西门子、三星等98家"2014年《财富》世界500强"企业在中关村设立了分公司或研发中心。在吸引海外创新人才方面，截至2014年6月，中关村共有874人入选中央"千人计划"，占全国入选总人数的20.9%。在国际拓展方面，技术"走出去"日趋活跃，境外专利申请大幅增长。2013年，中关村企业申请国际专利2155件，较上一年增长了44.7%；企业获得欧盟、美国和日本三地区专利授权量427件，同比增长16.7%；实现技术或服务出口40.6亿美元，占中关村出口总额的12.1%。

（五）完善的创新中介服务体系

中关村集聚了覆盖技术转移中心、孵化器、知识产权代理、技术交易机构、金融服务中介等多种类型的创新中介组织，其中，包括清华大学国家技术转移中心、中国科学院北京国家技术转移中心、北京产权交易所等41家国家级技术转移中心。科技中介已成为

---

① 陈劲、吴航、刘文澜：《中关村：未来全球第一的创新集群》，《科学学研究》2014年第1期。

中关村内大学、企业、政府等各类机构范畴进行协同创新的黏结剂和创新活动产生的催化剂。

创新型孵化器成为新生力量。截至 2013 年年底，中关村内有各类创业孵化机构 100 多家，其中，国家级科技企业孵化器 30 家，国家级大学科技园 14 家。各类孵化机构累计入驻企业 12000 多家，孵化成功"毕业"企业 7000 多家。①"车库咖啡""创客空间""36 氪"等一批运作模式新、创新能力强的创新型孵化器成为中关村创业孵化体系中最具活力的新生力量，形成了创业教育、创业社区、创业投资、创业辅导、技术开发平台、技术服务平台以及创业媒体等多种创业孵化模式，加速了知识的整合和新创企业的快速发展。

开放实验室助推官产学研协同创新。中关村开放实验室已成为聚集着创新人才、先进仪器、领先技术、市场信息等多种科技资源的开放性创新平台。截至 2013 年，中关村累计挂牌开放实验室 159 家，覆盖软件与信息服务、网络通信与集成电路、节能环保、生物医药等重点发展的产业领域，并汇聚了大量创新成果。

三 中关村官产学研三螺旋协同创新模式

（一）建联合实验室（研发中心）模式

协同创新主体之间建立长期的科技合作关系，条件上相互依赖，有比较合理的管理与运行体制，企业以资金、设备投入为主，大学主要投入人才、技术、场地等。这种模式使科技创新更贴近于市场，缩短知识链整合的周期，使知识创造、技术创新与技术产业化的三个过程融为一体，是一种紧密型协同创新模式。搜狐与清华大学合作成立搜索技术联合实验室是这种模式的典型代表。②

（二）联合承担国家重大项目模式

国家对于重大专项和有产业化前景的项目，鼓励企业与大学、研究机构联合开发和实施。这些重大项目往往投入大、周期长、风

---

① 李焱：《中关村指数发布中关村经济"晴雨"》，《投资北京》2013 年第 10 期。
② 傅首清：《中关村国家自主创新示范区核心区产学研合作体系的建设与发展》，《中国高校科技与产业化》2009 年第 8 期。

险高，凭借任何一方的力量都难以完成，需要政府、企业和大学的协同作战。例如，北京交通大学与中国铁路工程总公司承担的国家重大交通项目"隧道及地下工程试验研究中心"，实现了该领域的重大关键技术的联合攻关，并取得了良好的经济效益和社会效益。

（三）大学衍生企业模式

从大学衍生出来的创新型公司与大学母体之间有着天然的紧密联系，创新型人才、用于成果转化的知识与技术、仪器设备等创新资源都可能来自大学。例如，天元网络公司是北京邮电大学网络与交换技术国家重点实验室衍生出的创新型企业，与北京邮电大学紧密合作，联合承担了多项国家重大科技项目，企业不断发展壮大的同时，也给北京邮电大学提供了科研经费，实现了可持续发展。

（四）以大学科技园和孵化器为载体的合作模式

大学科技园和孵化器为创新型企业的诞生和发展提供了土壤及空间，通过知识整合和技术创新推动新企业的诞生，并在创业初期提供创业基金、税收扶持、人才支持等各种完善的创新创业环境。同时架起了企业、大学与政府沟通的桥梁，为创业企业和大学开展协同创新、实现技术转移提供了良好环境，为政府了解市场需求、提高科技服务质量提供了载体。

（五）联合培养创新型人才模式

中关村通过建立企业博士后工作站、流动博士后工作站、实习基地等方式，实现创新型人才的联合培养，并通过人才的流动实现知识的扩散与技术的转移。海淀园博士后工作站在中关村设立了31家博士后工作分站，并与清华大学、北京大学、中国科学院等30多个流动分站的博士生导师联合培养企业博士后，在培养过程中，企业博士后与大学导师共同参与或主持国家重大课题[1]，高层次科技人才在合作项目中得到锻炼与成长，同时又给项目的发展提供了必

---

[1]　傅首清：《中关村国家自主创新示范区核心区产学研合作体系的建设与发展》，《中国高校科技与产业化》2009 年第 8 期。

要的智力支持。

四 中关村在协同创新中存在的问题及对策建议

目前，中关村协同创新体系已具有相当规模、结构功能较为完善，但是，与世界领先的创新集群如美国硅谷、中国台湾的新竹还有一定的差距，具体表现在以下三个方面：

（一）国际化的高端人才相对匮乏

中关村从业人员数量虽然与硅谷相当，但在国际化人才方面存在较大差距。2011 年，硅谷大学及以上学历的人员中，有一半人出生在国外，达到 27 万人；受过高等教育的科学与工程专业技术人员中，在国外出生的比例更是高达 64%，而硅谷的这些国外人才中又有一大部分是来自人才资源还非常匮乏的中国，在硅谷的从业人员中华裔从业人员占 15%。与之对比，中关村外籍从业人员只有 9000多人，占从业人员比重还不足 1%。中关村在国际高端人才上与硅谷的悬殊差距，说明中关村对国际高端要素的吸引力不够强，创新创业环境不够优越。

（二）中关村科技创新效率还不高

2013 年，中关村每百亿元 GDP 增加值有效发明专利量 674 件，而创新能力最强的国家瑞士，每投入百亿元产生的有效发明专利在 3000 件以上。虽然 2013 年中国的 PCT 国际专利申请量超过两万件位居全球第三，但 PCT 申请前 50 强中却没有一家中关村企业，中国的中兴和华为分列第二位和第三位。

（三）创业型大学建设刚刚起步

虽然中关村内聚集着中国的顶尖大学，但这些大学目前仍以研究型和教研型大学为主，经过多年发展积累了大量的科技成果，但成果转化率较低，大学在与产业结合方面主动性不够，因而没有充分发挥大学在推动产业发展中的战略作用。

2015 年三螺旋国际会议在位于中关村的清华大学召开，会议主题为"大学—企业—政府三螺旋模型——服务于正在崛起的发展中国家"，并进行专题研讨"谁是下一个硅谷？"借助于这次会议，为了加快中关村创新集群的发展步伐，实现到 2020 年世界一流创新集群的发展目标，可以从以下三方面入手：

1. 创新人才培养和引进机制，集聚国际化创新型人才

知识经济时代，创新型人才是决定创新集群快速发展的关键因素。[①] 中关村应重点依托清华大学、北京大学、中国科学院、中国社会科学院等国内顶尖智库，加强高层次创新型人才的联合培养，通过政策支持和项目引导，推进大学与企业在人才培养和职业技能培训方面的深层次合作，以政府和企业的创新项目为导向，增强人才培养的针对性，注重创新型人才知识转化和应用能力的培养。同时，通过优化创新创业环境网罗全球创新精英。加大对海外高层次人才的引进，特别是带项目、带技术、带资金、带团队的"四带"人才。对创新创业人才加大投入力度，为科技人才创业创造良好条件，在引进人才的随迁配偶、子女落户、就业、入学等方面给予优惠政策，进一步提高引进人才的优惠待遇。注重以重大科技项目培养和凝聚高层次人才，构建多层次、符合园区产业发展需求的创新型人才队伍。

2. 通过官产学研协同创新平台的建设来提高创新效率

政府创造环境搭建平台，推动大学和企业共建协同创新基地，并利用这个基地促进官产学研各方进行长期的交流与合作。政府加大对科技园、孵化器等平台的资金投入和政策扶持力度，通过发挥其在高科技企业孵化、科技成果转化和新兴产业培育等方面的作用，来为企业提供融资服务、技术支持和信息资源，从而实现协同创新的深度发展。[②] 建设辐射全球的协同创新信息服务平台，利用信息产业快速发展带来的大数据、云计算、物联网等技术完善网络平台的功能，为协同创新各方提供及时、有效的信息，并实现技术

[①] 吴瑞芹、张仁开：《上海发展创新集群的战略研究》，《区域经济》2008 年第 6 期。

[②] 傅首清：《中关村国家自主创新示范区核心区产学研合作体系的建设与发展》，《中国高校科技与产业化》2009 年第 8 期。

供需信息的匹配与优化，通过网络平台促进信息的交流与推广。

3. 通过创业型大学建设来实现科技成果转化

从位于硅谷的斯坦福大学和马萨诸塞州的麻省理工学院成功的协同创新案例可以看出，创业型大学可以发挥知识创造和人才集聚的功能，是实现创新集群快速升级发展和促进经济社会可持续发展的重要途径。[①] 目前，创业型大学在中国刚刚兴起，而中关村内聚集着清华大学、北京大学等中国的顶级大学，具备从研究型大学向创业型大学转化的条件和基础，因此，可以通过创业型大学的建设来推动知识资本化和技术产业化，培养出大量的创业家和企业的高层管理者，将中关村建设成为下一个硅谷。

---

① 陈劲、吴航、刘文澜：《中关村：未来全球第一的创新集群》，《科学学研究》2014年第1期。

第四章　中国官产学三螺旋关系实证研究

三螺旋理论已成为创新研究中的新范式，如何利用其对国家和地区创新系统的状况进行衡量，并预测政策的执行效果，需要定量化的指标和方法来进行测度。[①] 本章运用三螺旋定量算法，以从中国国家知识产权局专利检索数据库和美国专利商标局专利数据库中检索到的中国申请专利数据为依据，从时间序列和行业领域两个维度对中国大学、企业和政府在协同创新中的互动关系进行测定，进而提出衡量资源整合程度与协同创新能力强弱的新标准。

第一节　三螺旋模型与算法

三螺旋理论认为，大学、企业和政府的交叠是区域、国家以及跨国创新系统的核心（而非外围），其三方互动是推动知识生产的重要因素。[②] 在知识和技术转化为生产力的过程中，三方参与者相互作用，三者的互动关系越紧密，就越有益于创新活动的产生。

在三螺旋的信息测度方面，雷德斯道夫认为，系统的自组织性和不确定性可通过香农（Shannon）在信息论中提出的熵（Entropy:

---

① Barney, "Firm Resources and Sustained Competitive Advantage", *Journal of Managemen*, Vol. 17, No. 1, 1991, pp. 99 – 120.

② 党兴华、弓志刚：《多维邻近性对跨区域技术创新合作的影响——基于中国共同专利数据的实证分析》，《科学学研究》2013 年第 10 期。

平均信息量）的概念来表示，并提出了衡量三螺旋动态关系的三螺旋算法（Triple Helix Algorithm）。熵表示离散随机事件出现的概率，事件的不确定性越大，熵就越大；一个系统越是有序，熵就越小。[①]其定义如下：

$$H = - \sum_j P_j \log_2 P_j \tag{4-1}$$

式中，H 表示熵即信息量的平均值，P_j 为第 j 个信息出现的概率。我们以下标 u、i、g 分别表示大学、企业和政府，如大学与企业的二维熵可由如下公式计算：

$$\begin{aligned} H_{ui} &= - \sum_{u=0}^{1} \sum_{i=0}^{1} P_{ui} \log_2 P_{ui} \\ &= - P_{10} \log_2 P_{10} - P_{01} \log_2 P_{01} - P_{11} \log_2 P_{11} - P_{00} \log_2 P_{00} \end{aligned} \tag{4-2}$$

大学、企业和政府的三维熵可表示为：

$$\begin{aligned} H_{uig} &= - \sum_{u=0}^{1} \sum_{i=0}^{1} \sum_{g=0}^{1} P_{uig} \log_2 P_{uig} \\ &= - P_{100} \log_2 P_{100} - P_{010} \log_2 P_{010} - P_{001} \log_2 P_{001} - P_{110} \log_2 P_{110} - \\ & \quad P_{101} \log_2 P_{101} - P_{011} \log_2 P_{011} - P_{111} \log_2 P_{111} \end{aligned} \tag{4-3}$$

在信息理论中，互信息可以表示相互作用的子系统之间信息传递的不确定性，例如，大学和企业之间的二维互信息可表示为：

$$T_{ui} = H_u + H_i - H_{ui} \tag{4-4}$$

大学、企业和政府之间的三维互信息可表示为：

$$T_{uig} = H_u + H_i + H_g - H_{ui} - H_{ug} - H_{ig} + H_{uig} \tag{4-5}$$

可测变量的不确定性和自组织性由互信息 T 来确定，因此，将互信息作为一个动态指标来衡量各主体间的紧密程度。三维互信息为系统的自组织性度量，且负相关，即当 T_{uig} 增大时，系统的自组织能力减弱。自组织理论认为，系统在没有外界施加特定的作用和

① Leydesdorff, L., Rafols, I., "Local Emergence and Global Diffusion of Research Technologies: An Exploration of Patterns of Network Formation", *Journal of the American Society for Information Science and Technology*, Vol. 62, No. 5, 2011, pp. 846 - 860.

影响下，可以依靠自身内部的相互作用趋于稳定，官产学研协同创新系统的形成过程符合自组织成长理论。[①] 通过式（4-5）可以发现，在由大学、企业和政府组成的协同创新系统中，两个子系统之间的相互作用可以增强系统的自组织性，三个子系统的共同作用则会减小系统的自组织性。当 T_{uig} 的值为负时，表明三维关系在其所组成的系统中因缺乏中心协调而发挥了自组织作用，系统可以在参与者之间的互相调整中实现自我更新、自我驱动。[②] T_{uig} 值越小，整个系统的自组织水平越高，表明大学、企业和政府三者之间的合作关系越紧密。

第二节　样本选择与数据收集

专利作为全球最大的技术信息源，具有公开性和垄断性的特点，并蕴含着巨大的商业价值，日益成为国家核心竞争力的战略性资源。据世界知识产权组织（World Intellectual Property Organization，WIPO）的有关统计资料，全世界每年 90%—95% 的发明创造成果都可以在专利文献中查到，其中约有 70% 的发明成果从未在其他非专利文献上发表过。[③] 因此，专利数据被看作是衡量区域科技活力、创新能力和技术竞争程度的指标之一。[④] 作为官产学研协同创新的

[①] 马飞虹：《官产学合作创新系统建模与仿真方法研究》（下），《计算机仿真》2012 年第 10 期。

[②] 许侃、聂鸣：《互信息视角下的大学—产业—政府三螺旋关系：中韩比较研究》，《情报杂志》2013 年第 4 期。

[③] Hitt, Michael A., Biermant Leonard, Shimizu Katsuhiko, Kochhar Rahul, "Direct and Moderating Effects of Human Capital on Strategy and Performance in Professional Service Firms: A Resource - Based Perspective", *Academy of Management Journal*, Vol. 44, No. 1, 2001, pp. 13 - 28.

[④] Ivanova, I. A., Leydesdorff, L., "A Simulation Model of the Triple Helix of University - industry - Government Relations and the Decomposition of the Redundancy", *Scientometrics*, Vol. 99, No. 3, 2014, pp. 927 - 948.

重要成果，联合申请专利是公认的常见合作模式。在联合申请专利过程中，大学、企业、政府自发地形成一个协同创新网络。这个协同创新网络通过组织边界的开放、组织结构的重组和组织资源的集聚，实现知识的溢出和创新的协同。Xiao-Ping Lei（2012）等利用美国专利商标局提供的合作申请专利数据，分析了中国1976—2009年官产学合作的情况，并将政府主导、自由松散和企业主导三个发展阶段分别对应于三螺旋模型的三种结构。[1] Mu-Hsuan Huang（2013）等通过对大学、企业、政府和个人四种类型的专利代理人在五大技术领域所获专利的多项指标进行考察，发现企业的专利生产能力最强，而大学所获专利的影响力最大。[2] Petruzzelli（2011）利用向欧洲专利局合作申请专利数据，分析了12个国家的33所顶级大学与企业的合作情况，从技术相关性、以前的合作关系和地理距离三个方面来衡量合作的有效性。[3] 刘凤朝等（2011）通过构建"985"大学与其他大学、研究机构以及企业之间的专利合作网络，研究了1985—2009年产学研合作的网络结构及空间分布特征。[4] 党兴华和弓志刚（2013）利用合作申请专利数据，对中国30个省域间的科技合作进行研究，发现认知邻近性、制度邻近性和地理邻近性对跨区域技术创新合作影响显著。[5]

　　本书以中国国家知识产权局专利检索数据库和美国专利商标局

① Lei, X. P., Zhao, Z. Y., Zhang, X., Chen, D. Z., Huang, M. H., Zhao, Y. H., "The Inventive Activities and Collaboration Pattern of University – Industry – Government in China based on Patent Analysis", *Scientometrics*, Vol. 90, No. 1, 2012, pp. 231 – 251.

② Huang, M. H., Sung, H. Y., Wang, C. C., Chen, D. Z., "Exploring Patent Performance and Technology Interactions of Universities, Industries, Governments and Individuals", *Scientometrics*, Vol. 96, No. 1, 2013, pp. 11 – 26.

③ Petruzzelli, A. M., "The Impact of Technological Relatedness, Prior ties, and Geographical Distance on University – Industry Collaborations: A Joint – Patent Analysis", *Technovation*, Vol. 31, No. 7, 2011, pp. 309 – 319.

④ 刘凤朝、马荣康、姜楠：《基于"985高校"的产学研专利合作网络演化路径研究》，《中国软科学》2011年第7期。

⑤ 党兴华、弓志刚：《多维邻近性对跨区域技术创新合作的影响——基于中国共同专利数据的实证分析》，《科学学研究》2013年第10期。

数据库两个数据库中提供的中国申请发明专利数据为样本来综合分析官产学研合作情况。中国国家知识产权局专利检索数据库收录了1985年9月10日以来中国公布的全部专利信息，包括发明、实用新型和外观设计三种专利。中国知识产权局专利数据库能够反映出中国科技领域自主创新能力的发展水平，以及发明人的知识产权保护意识。美国专利商标局于1802年成立，收集了1976年以来的400多万件在美申请和授权的专利文献，美国专利商标局专利数据库是世界科技水平的典型代表，收录的专利半数以上来自美国以外的其他国家，美国专利的类型包括发明专利、外观设计专利、再公告专利、植物专利等。[1] 考察美国专利商标局数据库中收录的中国所获专利能够反映出中国在世界先进领域的科技创新能力、技术的开放程度以及国际科技合作开展的情况。综合运用以上两个数据库进行合作专利数据的检索与分析，可以更为全面地反映出中国在官产学研三螺旋合作的紧密程度、行业特征与发展态势。

在各类专利中，发明专利代表着原创性，技术含量最高，比数据库中的其他专利等更适宜研究，因此，本书研究的数据只包括发明专利。[2] 与专利相关的时间包括申请日、公告日和优先权日，专利申请日到公告日有6—36个月不等的审查期[3]，申请日能够更加准确地反映出进行科技研发的时间，因此，本书以专利申请日为基准。为了保证样本的完整性，数据的时间区间选为2002—2011年。

按照专利申请（专利权）人信息，分别以"大学"（U）"企业"（I）"政府"（G）表示（允许重复计量）：根据企业、事业机

① Yang, Y., Holgaard, J. E., Remmen, A., "What Can Triple Helix Frameworks Offer to the Analysis of Eco – Innovation Dynamics? Theoretical and Methodological Considerations", *Science and Public Policy*, Vol. 39, No. 3, 2012, pp. 373 – 385.

② Leydesdorff, L., Meyer, M., "The Triple Helix of University – Industry – Government Relations", *Scientometrics*, Vol. 58, No. 2, 2003, pp. 191 – 203.

③ Guan, J. C., He, Y., "Patent – Bibliometric Analysis on the Chinese Science – Technology Linkages", *Scientometrics*, Vol. 72, No. 3, 2007, pp. 403 – 425.

构体制的中英文称谓，若申请（专利权）人中包含"大学""学院"或其他研究院所、实验室、"university or college"等机构名称划归"大学"范围，研究机构被包含在大学概念中，这是目前产学研计量研究中通行的做法，因为两者的功能大学都具备；包含"公司""厂"或其他营利性单位名称、"ltd. or group or limited or company or corporation"划归到"企业"行列；包含"部""局"或政府直属机构名称、"ministry or bureau or institute or academy"将其划归"政府"范畴。申请（专利权）人中同时含有以上两者或三者名称的专利处理按类归至"大学—企业"（UI）、"大学—政府"（UG）、"企业—政府"（IG）和"大学—企业—政府"（UIG）四个类别。分别统计每个类别内出现频数，所得到的这些数据就构成了进行官产学研合作申请专利研究的数量基础。

第三节　基于时间序列的三螺旋实证分析

一　三螺旋专利数据的统计性描述

对检索结果做进一步处理，将个别申请（专利权）人中含有"××大学××公司"或"××公司××局"等难以准确甄别类别或不符合联合申请发明专利条件的数据去除，同时通过专利号的限定条件排除国外及我国香港、澳门、台湾地区申请中国专利的情况，最终得到统计结果如表4-1、表4-2和图4-1、图4-2所示。

可以发现，两类数据库中，过去10年间的中国发明专利产出不论是总量还是分属7个类别的子数量总体上都表现出相似的发展趋势。各类专利数量的增幅明显，其中，企业、大学的申请数量以及企业与大学联合申请数量增幅较大，2008年以后尤其如此，而政府以及企业或大学与政府联合申请数量增长较为缓慢。从专利总量的增长幅度来看，SIPO中专利总量的年均增长率为31.3%，略高于

表 4 - 1　　　SIPO 中 2002—2011 年发明专利申请数量统计　　　单位：件

年份	U	I	G	UI	UG	IG	UIG	总计
2002	6462	20902	176	640	21	27	3	26855
2003	10317	29068	248	746	23	33	5	38836
2004	12338	38053	284	790	26	62	8	49805
2005	17298	53259	418	1135	32	100	9	69717
2006	21121	68333	574	1667	25	211	9	88134
2007	26091	83672	1019	2091	54	317	11	108331
2008	35089	105034	1332	2757	53	575	12	138082
2009	42736	127494	1893	3376	94	699	17	167971
2010	53426	163466	2212	4100	110	779	21	214136
2011	78048	238021	3569	5686	188	1349	31	312446

资料来源：中国国家知识产权局专利检索数据库（http：//epub. sipo. gov. cn/gjcx. jsp）。

表 4 - 2　　　USPTO 中 2002—2011 年发明专利授权量统计　　　单位：件

年份	U	I	G	UI	UG	IG	UIG	总计
2002	52	267	58	17	7	20	0	333
2003	71	347	71	24	6	32	0	427
2004	86	563	55	29	3	25	0	647
2005	126	786	66	54	1	26	0	897
2006	167	1428	76	105	1	44	0	1521
2007	198	1687	77	105	5	36	3	1819
2008	215	2178	101	133	2	38	1	2322
2009	228	2549	99	126	3	39	2	2710
2010	239	2935	128	135	4	33	2	3132
2011	290	3154	154	5	27	150	2	3418

资料来源：美国专利商标局专利数据库（http：//patft. uspto. gov/）。

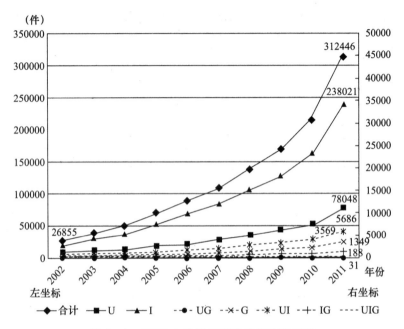

图 4-1 SIPO 中发明专利申请量变化趋势

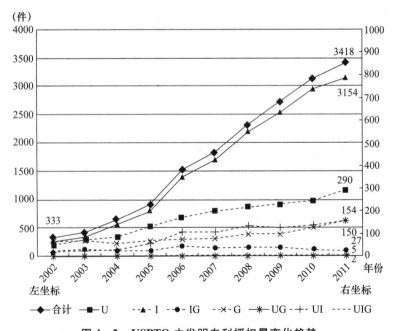

图 4-2 USPTO 中发明专利授权量变化趋势

USPTO 中 29.5% 的年均增长率，远高于整体国际专利 13% 的增速。[1] 这说明中国近十年来在科技创新方面取得了明显的成效，缩小了与世界科技发达国家之间的差距。

各个机构范畴独立获得专利方面，企业所获专利的增幅最快，来自 USPTO 中的数据更为明显，大学所获专利数量平稳增长，而政府所获专利数量增长较为缓慢，有的年份甚至出现了负增长。合作专利方面，企业与大学联合申请的专利数量最多，但增长较为缓慢，而政府参与的合作最少。这表明企业作为科技成果运用的主战场和成果实现方，在参与合作的过程中能够产生更多的价值，在这一时期偏离自身的角色最多，成为官产学研协同创新的主体。在知识经济时代，大学是新知识、新技术的来源地，在创新中扮演了突出的角色，因此，与创新的主体企业开展合作时比较活跃，并将知识转化为生产力。[2] 由于政府在科技创新中仅仅起到了政策导向的作用，直接参与科技研发的程度不高，然而，随着国际竞争的加剧和后危机时代企业运作的艰辛，政府在三螺旋中的作用应加强。

过去十年，中国所获发明专利总量的三螺旋分布如图 4 - 3 所示。来自两个数据库的数据都表明中国企业是发明专利的主要来源，其次是大学，政府所占比重较小。这说明企业作为科技创新的主体，在知识应用与技术创新过程中起着主导作用，并有较强的知识产权保护意识。特别是在当前的知识经济时代，企业拥有知识产权就意味着拥有核心竞争力[3]，众多企业通过增加研发投入、申请专利来获得知识产权，进而提高产品利润和市场竞争力。在各个子类所获专利的具体比重方面两个数据库有所差异，SIPO 中企业所获发明专利占总量的 76.4%，大大低于 USPTO 中企业 92.2% 的比重。

---

[1] 贺德方：《基于 USPTO 专利数据的全球技术创新态势分析及我国的对策研究》，《中国软科学》2012 年第 8 期。

[2] 庄涛、吴洪：《基于互信息的官产学研三螺旋国际合作测度研究》，《情报杂志》2013 年第 12 期。

[3] 张琳：《产学研合作中政府角色定位研究》，经济科学出版社 2012 年版。

大学所获发明专利的比例在 SIPO 中为 24.9%，远高于 USPTO 中 9.8% 的比重。SIPO 和 USPTO 数据库中政府所获专利比重都很低，分别为 0.97% 和 5.3%。说明企业在申请国际专利方面的主导地位更为显著，企业在国际领先技术领域的创新动力更强。其原因主要是：随着经济全球化和技术一体化时代的到来，中国一些竞争力强的企业走上了国际舞台，为了在国际市场上取得更大的利润，只有不断地进行创新，而申请国际专利是寻求技术保护、提高企业国际竞争力的一条重要途径。中国大学的对外交流与合作也日趋频繁，而合作成果主要是通过合作发表国际论文的形式体现出来，对于申请国际专利缺乏动力。

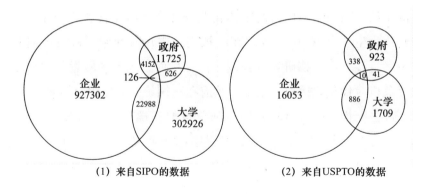

（1）来自SIPO的数据　　　　（2）来自USPTO的数据

图 4-3　2002—2011 年发明专利总量三螺旋分布（单位：件）

USPTO 的数据显示，大学所获专利中有一半以上是与企业合作发明的，说明大学在科学研究方面具有优势，但在成果转化、技术应用方面，需要与企业合作才能够更好地体现出其优势。政府所获专利中有 36.62% 是与企业合作获得的。

二　三螺旋算法的实现与分析

将原始数据应用于上述三螺旋模型，可以得到每一个边缘概率（如 P_u），再将通过式（4-1）至式（4-5）的三螺旋算法，对二维或三维互信息进行计算，可知相应的三螺旋系统状态，从而得到

有关三螺旋主体合作关系的计量表达。计算结果如表4-3、表4-4
和图4-4、图4-5所示。

表4-3　　基于 SIPO 中发明专利数据的三螺旋关系计量表达 单位：mbit

年份	H(U)	H(I)	H(G)	H(UI)	H(UG)	H(IG)	H(UIG)	T(UI)	T(UG)	T(IG)	T(UIG)
2002	796.1	763.2	57.0	950.5	852.6	811.7	967.8	608.8	0.5	8.5	-30.7
2003	835.2	813.6	55.7	977.9	890.1	826.3	992.1	670.9	0.8	43.0	2.3
2004	807.7	788.2	50.7	929.1	857.8	833.4	946.1	666.8	0.6	5.5	-27.5
2005	808.3	788.4	52.9	932.5	860.4	835.9	951.0	664.2	0.8	5.4	-28.2
2006	794.5	768.6	56.7	925.3	849.8	821.7	950.8	637.8	1.4	3.6	-26.2
2007	796.5	773.8	76.8	944.4	871.6	844.0	976.3	625.9	1.7	6.6	-36.6
2008	817.7	793.9	78.4	963.1	893.7	868.9	1003.6	648.5	2.4	3.4	-32.1
2009	818.2	796.7	89.1	974.4	904.8	880.2	1016.5	640.5	2.5	5.6	-39.0
2010	810.5	789.4	83.0	960.3	891.3	867.4	997.9	639.6	2.2	5.0	-38.2
2011	811.0	792.0	90.1	959.6	898.7	876.6	1003.2	643.4	2.4	5.5	-38.6

表4-4　　基于 USPTO 中发明专利数据的三螺旋关系计量表达

单位：mbit

年份	H(U)	H(I)	H(G)	H(UI)	H(UG)	H(IG)	H(UIG)	T(UI)	T(UG)	T(IG)	T(UIG)
2002	625.0	718.3	667.2	1190.1	1290.7	1221.1	1567.9	153.3	1.5	164.4	-123.4
2003	649.1	695.9	649.1	1173.9	1290.3	1243.9	1587.1	171.1	8.0	101.2	-126.8
2004	565.4	557.0	419.6	929.4	980.6	907.2	1180.6	193.0	4.4	69.4	-94.5
2005	585.5	540.0	379.1	972.2	953.4	840.4	1161.3	153.3	11.2	78.8	-100.1
2006	499.3	332.0	286.3	743.9	780.1	575.1	931.8	87.4	5.5	43.2	-49.7
2007	496.4	375.4	252.9	750.9	748.6	578.4	896.5	121.0	0.7	49.9	-56.6
2008	445.1	335.4	258.1	707.6	700.2	515.7	824.8	72.8	2.9	77.8	-60.2
2009	416.6	325.1	226.2	648.5	641.4	489.1	751.2	93.2	1.3	62.2	-60.0
2010	389.0	338.8	246.3	653.8	634.2	485.0	734.9	74.1	1.1	100.1	-64.0
2011	419.0	392.4	265.0	724.0	682.5	535.1	789.4	87.4	1.5	122.3	-75.9

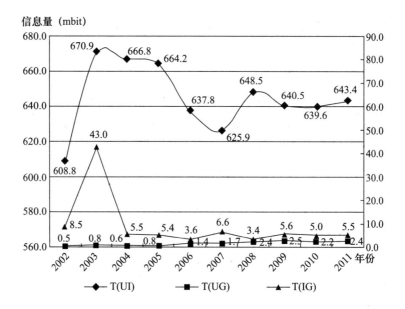

图 4 - 4　基于 SIPO 的二维互信息

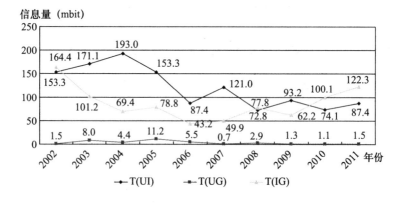

图 4 - 5　基于 USPTO 的二维互信息

　　根据信息论中的相关知识，二维互信息的值越大表明双方的互动关系越密切。由图 4 - 4 和图 4 - 5 可以发现，基于两个数据库的计算结果都显示，二维合作中企业与大学间的合作〔T（UI）〕开展得最多，企业与政府间合作次之，但大大减少，总体来看，政府参与企业或大学的合作都很少。表明在这一时期内企业偏离自身的角色最多，成为产学研的创新主体。一是由于我国政企分离较晚，一些大型国有企业通过项目资助、主持建立科技园等扮演了部分政府的角色。二是知识经济时代，大学是新知识、新技术的来源地，在创新中扮演了突出的角色。因此，与创新的主体企业开展合作时比较活跃，并将知识转化为生产力。

对比图4-4和图4-5可以发现，基于USPTO数据的企业与政府间的合作T(IG)的值远大于基于SIPO中的数据。说明相对于一般性的技术开发，在一些国际领先领域或重大技术创新方面，企业与政府的合作更为深入，政府充分发挥了其在协同创新中资金、政策、外交等方面的资源优势。

根据信息论相关理论，三维互信息为系统的自组织性度量，且负相关，用以解释关系网络因缺乏中心协调而出现的自组织性，即三维互信息的值越小表明三方参与的协同创新系统的自组织性越强，三者的互动关系越紧密。通过图4-6可以发现，官产学研三维互信息T(UIG)的值绝大部分年份为负值，说明大学、企业和政府共同协作的三维关系在其所组成的系统中发挥了自组织作用，三者关系较为紧密，较为稳定的官产学三螺旋创新体系已初步形成。

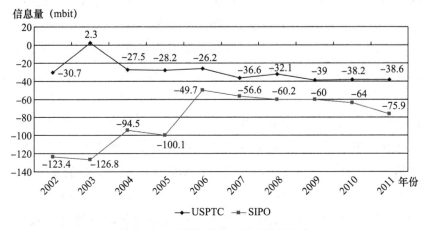

图4-6　三螺旋关系中的三维互信息

进一步分析发现，基于两个数据库的 T(UIG) 值及变化趋势有所差异，在基于 USPTO 的数据中，T(UIG) 值明显偏低。说明在申请国际专利的创新过程中，大学、企业和政府之间的协同关系优于三方在申请国内专利过程中的互动关系。前五年的 T(UIG) 值明显低于后五年，说明前五年大学、企业和政府三方合作关系更为紧密，系统的自组织性更强。对比图 4-2，笔者认为，其原因是近五年处于主导地位的企业所获专利数量快速增加，而合作专利的增速远低于企业独立获得专利的增速，即增加的这些专利大部分是由企业独立研发的，忽视了与大学和政府的合作，进而导致系统整体自组织性的降低。2006 年以后的 T(UIG) 值呈缓慢下降的趋势，说明近几年系统自组织性有所增强，三方合作关系趋于紧密。

在基于 SIPO 的数据中，互信息的值整体呈下降趋势，T(UIG) 值下降表明系统的自组织能力增强，在三螺旋模型下，能够更好地自我更新、自我驱动。这说明中国过去十年内官产学研合作趋于紧密，三方互动形成持续创新机制，合作呈现螺旋上升态势。注意到 2003 年 T(UIG) 的值明显增加，变为正值，其原因是中国在这一年爆发了"非典"疫情，城市间限制人员流动，导致企业、大学和政府间的信息、人员、技术交流受阻，整体三维合作减少。而政府在应对疫情方面采取了一些应急措施，加强了对企业的监管和扶持力度，因此，企业与政府的二维合作大量增加。由于这次疫情主要发生在中国，所以，对申请国际专利中的合作创新关系影响不大。将图 4-4 和图 4-5 的二维互信息与图 4-6 的三维互信息对比可以发现，二维合作中的企业—大学 [T(UI)] 和企业—政府 [T(IG)] 的合作趋势与大学—企业—政府 [T(UIG)] 的三维合作趋势相反。虽然在图中上升和下降的曲线趋势一致，但在二维合作中互信息的数值越大说明合作越紧密，而三维合作恰好相反。说明企业—大学 [T(UI)] 以及企业—政府 [T(IG)] 的合作与三主体整体的合作 [T(UIG)] 是相反的，即企业与大学以及企业与政府的合作减少，整体合作反而增加。形成这种现象的原因是企业与大学和政府的二维合作与整体的三维合作有相互竞争与替代作用，企业在与大学和政府进行三维合作的过程中错失了与其中一方进行二维合作的机会，特定时期的合作总量确定后会出现以上替代效应。

第四节　基于行业分类的三螺旋实证分析

由于中国国家知识产权局专利检索数据库和美国专利商标局数据库中对专利中行业领域的分类方法不同，SIPO 中采用的 IPC 分类方法对于行业的分类过于细化，不能很好地反映出中国的科技创新最为活跃领域的行业特征。而在 USPTO 数据库中，可以根据美国国家经济研究局（NBER）制订的专利分类方法，按照专利号进行区分，将专利按其所属技术领域划分为化学（除药物）、计算机通信、医药、电子电气、机械和其他 6 个技术领域，这些技术领域涵盖了当前科技创新中最为活跃的行业，因此，在本节中只应用 USPTO 数据库对中国三螺旋关系的行业特征进行实证研究。

分别按照"大学"（U）、"企业"（I）、"政府"（G）、"大学—企业"（UI）、"大学—政府"（UG）、"企业—政府"（IG）和"大学—企业—政府"（UIG）7 个类别，对每一行业 2002—2011 年所获专利总量进行统计，并按三螺旋算法计算其三维互信息 T（UIG）值，结果如表 4 - 5 所示。

表 4 - 5　　　　2002—2011 年发明专利授权总量行业统计

行业	U（件）	I（件）	G（件）	UI（件）	UG（件）	IG（件）	UIG（件）	专利总数（件）	T（UIG）mbits
化学	601	1898	426	18	209	292	6	2411	- 164. 01
计算机通信	306	6087	202	6	90	130	1	6371	- 40. 41
医药	215	612	160	20	47	45	3	877	- 224. 36
电子电气	768	7178	246	2	63	519	1	7610	- 53. 00
机械	158	2139	58	1	20	90	0	2245	- 40. 43
其他	173	1724	94	2	34	96	1	1859	- 70. 23

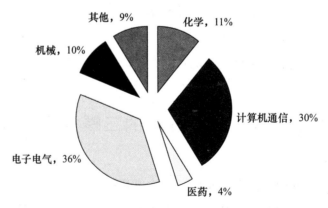

图4-7 六大技术领域专利授权量整体分布

整体来看，电子电气和计算机通信领域获得专利数量最多，分别占总量的36%和30%。这两个领域同属于信息技术产业，这一产业技术发展快速、专利竞争激烈，产品附加值高、更新换代快。企业如果没有申请到国际专利，需要支付高昂的专利使用费，或者成为国外高科技企业的代工厂。因此，这些领域的企业为了在激烈的国际竞争中立足就必须拥有自主知识产权，而申请国际专利是获取知识产权的一条重要途径。专利数量最少的是医药领域，仅占专利总量的4%。

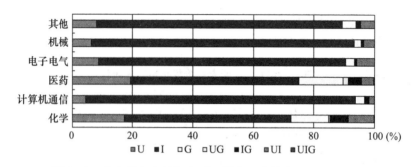

图4-8 官产学各方授权专利总量在6个技术领域份额分布

图4-8显示了6个技领域中官产学研各方所获专利的比重，计算机通信、机械和电子电气3个领域的专利分布有一定的相似性，

都是企业获得专利比重大，分别达到了 95.5%、95.3% 和 94.3%，
而合作获得的专利占比较小，其中，计算机通信领域的合作专利比
重最小，只有 3.5%。这说明这 3 个领域内的企业在创新活动中表
现活跃，自主研发能力强，但与政府和大学的合作有待加强。一些
国际化的高科技企业，比如，中兴、华为、海尔等成为这两个领域
获得国际专利的主力军。2014 年，中兴通讯凭借 2179 件 PCT 国际
专利位居全球企业专利申请第三，累计拥有全球专利已超过 6 万件，
连续五年位列全球企业专利申请前三位。化学领域合作获得专利的
比重较大，达到 21.3%，其中又以大学和企业的合作最多，占专利
总量的 12.1%。这是由于化学领域偏重于基础性研究，大学拥有科
技与人才优势，在基础科学研究方面表现活跃，因此，在这一领域
大学与企业容易找到利益诉求点，通过合作来实现科学研究与技术
创新的融合，以实现专利成果转化。医药领域中企业、大学和政府
三方获得专利的比重相对均衡，大学和政府获得专利比重分别为
24.5% 和 18.2%。这是由于医疗领域属于公益性事业，科技创新中
政府投入的比重较大，一些重大的科技攻关往往是由政府、大学、
国家研究机构或大型公立医院来共同完成。

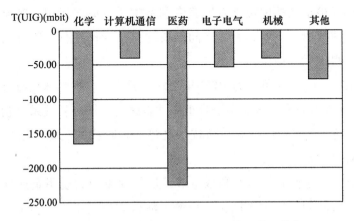

图 4 - 9　6 个技术领域三螺旋关系的三维互信息

通过图 4 - 9 可以发现，6 个技术领域官产学研三维互信息

T(UIG)均为负值，说明在各个技术领域内大学、企业和政府合作较为紧密，三方互动减少了系统的不确定性，形成持续创新的动力机制。从T(UIG)的绝对值来看，医药领域T(UIG)的绝对值最大，化学领域次之，电子电气、计算机通信、机械领域T(UIG)的绝对值相对较小，这说明医药和化学领域官产学三方合作更为紧密，系统的自组织性更强。究其原因，我们认为，医药和化学领域在科技创新中偏向于基础性研究，研发周期长，资金投入大，企业往往需要借助大学的科技和人才优势以及政府的政策和资金优势才能完成，因此，三方合作关系较为紧密。而计算机通信、电子电气和机械领域的创新活动更偏重于应用型研究，产品生命周期短、技术研发速度快，一些国际化企业具备了独立研发的能力，因此忽视了与大学和政府的合作，三方关系相对松散。

第五节　结论与对策建议

以2002—2011年中国国家知识产权局专利检索数据库和美国专利商标局检索到的中国学者所获专利数据为基础，运用三螺旋定量算法，对政府、企业和大学之间开展的科技合作进行了定性与定量分析，得出以下结论：

第一，除去非正常的2003年之外，近十年官产学研三维互信息T(UIG)值均为负，表明系统自组织性较强，协同创新关系已初步形成；且近五年T(UIG)呈不断减小之势，表明我国三螺旋协同创新关系日趋紧密。

第二，企业获得的专利数量多，增长速度快，说明企业处于官产学研协同创新的主导地位，是最为活跃的创新主体。但是，近几年企业与大学或政府合作获得专利的比例大幅下降，并导致了三螺旋创新系统整体自组织性的降低。

第三，大学所获专利数量稳步增长，与企业合作申请专利比例较大。说明大学作为知识的源头，在推动科学发展方面具有优势，但在科技成果转化、技术应用方面需要与企业合作，才能够更好地体现出其优势。

第四，政府参与的专利数量少，增长较为缓慢。随着国际竞争的加剧和后危机时代企业运作的艰辛，我国政府在三螺旋中的作用应加强。由于政府在推动自主研发核心技术方面的作用至关重要[1]，特别是关系国计民生、军事涉密、高风险及投入巨大的科技合作需要政府发挥制度创新、平衡和政策保障功能。政府在创新中的作用应着重于前向引导与拉动，体现出创新中的技术前瞻性，并及时有效地反馈给企业中的创新组织以及作为创新基础的大学，强调在创新中三个螺旋之间的互动与反馈。[2] 根据国外发达国家三螺旋的实践发展规律，从长期来看，当市场经济发展成熟以后，政府的作用会逐步弱化，企业或大学螺旋重新上升为创新主体，三螺旋体如能在相互渗透与动态发展中保持上升趋势，将可促进各种创新活动深入持久开展。

第五，从不同技术领域来看，电子电气和计算机通信领域所获专利数量最多，但是，绝大部分是企业独立获得的，官产学研协同关系相对松散。说明电子电气和计算机通信领域技术发展迅速，专利竞争激烈，企业积极进行研发投入，通过获取国际专利来提高核心竞争力。这类企业主要从事周期较短的应用性研究，而政府和大学往往侧重于重大的或基础的科学研究，三方合作动力不足。然而，产学研联合申请专利的创新程度要高于企业独立申请的专利[3]，因此，这类企业要想提高专利质量和掌握核心技术，就应加强与大学和政府的合作。

---

[1]　高旭东：《政府在我国企业发展自主核心技术中的作用：一个分析框架》，《北京邮电大学学报》（社会科学版）2011 年第 6 期。

[2]　庄涛、吴洪：《基于互信息的官产学研三螺旋国际合作测度研究》，《情报杂志》2013 年第 12 期。

[3]　邓颖翔、朱桂龙：《基于专利数据的中国产学研合作研究》，《科学学与科学技术管理》2009 年第 12 期。

第五章　中国官产学研协同创新四维关系实证研究

三螺旋理论认为，大学、企业和政府三方在创新过程中紧密合作、相互作用，将具有不同价值体系和功能的大学、企业和政府融为一体，形成知识领域、产业领域和行政领域的三力合一，通过增强三者之间的有效互动来实现创新系统的不断演化和提升，从而促进经济社会的可持续发展。由政府、企业和大学组成的协同创新体系成为三螺旋的标准模式。这一诞生于西方发达国家的创新理论能否适用于发展中国家和新兴经济体？在指导中国创新实践的过程中如何加以修正与完善？中国当前创新体系中各个主体间的关系又是如何？本章结合中国的科技、教育体制机制与创新实践，对三螺旋模型进行拓展，提出包括政府、企业、大学和研究机构在内的四维合作模型，并阐述其理论依据；运用美国科技信息所（ISI）科学引文索引数据库扩展版（SCI－EXPANDED）中收录的中国学者发表的论文数据，通过三螺旋算法对四维合作主体间的紧密程度与协同关系进行实证研究，探索性地分析了中国政府、企业、大学和研究机构在协同创新中的互动关系与发展态势，力图为完善发展中国三螺旋模型提供借鉴，为实施官产学研协同创新、建设创新型国家提供决策依据。

第一节　三螺旋模型拓展

三螺旋理论诞生于西方发达国家，其科技创新体系与中国有着本质的区别。在美国、英国等西方国家，大学和研究机构有着明确的分工，在科技资源配置方面，研究机构所占比重较小。大学尤其是研究型大学除开展大量的自由探索式的基础研究外，还承担着应用基础研究和国家战略性研究的任务。另外，三螺旋模型建立的基础之一是大学的二次革命，创业在大学中扮演越来越重要的角色。而研究机构只从事某些与政府职能密切相关的公益性和长期性研究，如国土资源考察、环境检测以及涉及高度机密的国防研究等，其科研经费支出大大低于大学。[①] 在这种情形下，由政府、企业和大学组成的协同创新体系成为三螺旋的标准模式。

然而，世界上许多国家，研究机构和大学一样是国家创新体系的重要组成部分，都是知识、技术和人才的源头，为经济社会发展提供智力保障。[②] 在有些区域，由于大学发展的落后或方向不同，导致其在创新体系中的作用受到制约，而研究机构成为区域创新重要的知识来源。研究机构能否融入三螺旋模型，各国学者也展开了激烈的讨论。戴维·莫尔（David Mower）在第六次三螺旋国际会议上提出，三螺旋忽略了研究机构的重要作用。夏皮罗（Shapiro）认为，韩国大学功能较为单一，不能独立承担三螺旋角色，应将研究机构也纳入模型中来。[③] 埃茨科威茨等通过研究巴西大学在参与孵

① 殷朝晖：《研究型大学与政府研究机构的关系——国际比较研究》，《自然辩证法研究》2006 年第 4 期。

② 牛盼强、谢富纪：《创新三重螺旋模型研究新进展》，《研究与发展管理》2009 年第 5 期。

③ Shin, J. C., Lee, S. J., Kim, Y., "Knowledge – Based Innovation and Collaboration: A Triple – Helix Approach in Saudi Arabia", *Scientometrics*, Vol. 90, No. 1, 2012, pp. 311 – 326.

化器内产品研发上的失败案例，认为三螺旋模型应当拓展，大学应该被知识来源所取代。在模型演进中，有的学者认为，大学和研究机构在创新体系中可以发挥相似的功能，将其合并为一个主体进行研究。①②

在中国，研究机构在科技创新体系中的作用举足轻重。在投入方面，研究机构的内部科研经费总支出与大学基本持平，但人均科研经费是大学的两倍。同时，政府科研资金的60%以上流向研究机构，而流向大学的资金仅占20%。③由此可见，研究机构是中国科技创新体系中的重要力量，应当将其纳入三螺旋模型中。在中国三螺旋协同创新体系中，政府、企业、大学和研究机构四方主体互动补充、协调发展，实现创新资源的优化配置与高效利用，从而产生使创新螺旋体持续上升的动力，推动科技进步和经济社会持续、协调发展。中国政府、企业、大学和研究机构在创新过程中既有独立的分工又角色相互渗透与融合。政府是创新活动的组织者和参与者，一方面，通过法律法规、经费资助、政策引导等方式对大学和研究机构进行激励；另一方面，超出了公共管理的职能，通过直接投资、主持建设孵化器和科技园区等方式向企业的角色转变，更加注重通过科技与资本的投入来支持企业的发展。企业作为技术创新主体，对新技术、创新型人才具有强烈的需求，通过技术、人才引进或与大学、研究机构的合作研发来提高其创新能力，同时也通过开展高水平的科学研究或创新人才培训来扮演大学和研究机构的角色。④

大学和研究机构在知识创造和人才汇聚方面具有天然的优势。

---

① 党蓓、赵蕴华、赵志耘、郑佳：《基于专利的官产学合作关系测度研究——以中韩石墨烯领域为例》，《情报杂志》2014年第5期。

② 庄涛、吴洪：《基于互信息的官产学研三螺旋国际合作测度研究》，《情报杂志》2013年第12期。

③ 马佰莲：《制约科技创新的关键是管理制度的变革——近十年中国高校和研究机构科技创新能力的比较》，《北京科技大学学报》（社会科学版）2013年第1期。

④ 李华晶、王睿：《知识创新系统对我国大学衍生企业的影响——基于三螺旋模型的解释性案例研究》，《科学管理研究》2011年第1期。

大学主要承担基础研究、应用研究和学科性自由探索研究，同时，作为人才输出的主要阵地，承担着各类创新型人才培养的职能，在一定条件下，大学可以扮演企业的角色，在科技孵化过程中将新知识、新技术转化为满足市场需求的新产品，从而形成衍生企业。同时，大学科研人员通过兼职来帮助企业在创新过程中开发新产品、开拓市场。[1] 研究机构主要从事指令性研究、对国家安全和发展具有重大意义的技术（如"两弹一星"、载人航天、探月工程等）或投资巨大的技术（如曙光超级计算机、龙芯系列通用芯片等）研究，同时通过创新型人才培养来扮演大学的角色，作为中国最大的研究生培养机构，中国科学院自2014年起招收本科生，形成了覆盖本科、硕士和博士三个阶段的完整高等教育体系。同时，研究机构也可以通过技术孵化、创办衍生企业向企业角色转变，从中国科学院走出的联想集团就是这一模式的成功典范。中国科学院不仅是孕育联想的摇篮，也是支持联想发展壮大的重要动力。在联想30多年的发展历程中，始终保持与中国科学院紧密的合作关系，依托其强大的科技资源与人才高地，走出了一条具有中国特色的研究机构高科技产业化道路。为进一步探究中国政府、企业、大学和研究机构在协同创新中的互动关系及其合作的紧密程度，将三螺旋算法进行拓展，运用论文数据对这一问题进行实证研究。

第二节　三螺旋算法拓展

三螺旋算法（Triple Helix Algorithm）为衡量大学、企业和政府在协同创新中的关系提供了一种有效方法，并能够识别创新系统的状态，预测协同创新的执行效果。三螺旋算法根植于互信息测度，

---

[1] Leydesdorff, L., "The Mutual Information of University – Industry – Government Relations: An Indicator of the Triple Helix Dynamics", *Scientometrics*, Vol. 58, No. 2, 2003, pp. 445 – 467.

渊源于信息理论中的信息熵。[1]

互信息（用 T 来表示）表示收到一个符号集后所消除的关于另一个符号集的不确定性，是随机变量统计相关性的测度。三螺旋理论奠基人之一的雷德斯道夫认为，系统的不确定性和自组织性可以通过子系统之间的互信息来表示，并提出了用来测度三螺旋动态关系的三螺旋算法（Triple Helix Algorithm）。

香农在信息论中把熵（平均信息量）定义为离散随机事件出现的概率，事件的不确定性越大，熵就越大；一个系统越是有序，熵就越小。在一个变量的情况下，熵的计算公式为：

$$H = - \sum_j P_j \log_2 P_j \tag{5-1}$$

式中，H 表示熵即信息量的平均值，P_j 表示第 j 个信息出现的概率。相应地，二维分布数据集的熵可表示为：

$$H_{ij} = - \sum_i \sum_j P_{ij} \log_2 P_{ij} \tag{5-2}$$

式中，P_{ij} 表示事件 i 和 j 的联合概率分布。

二维互信息可表示为：

$$T_{ij} = H_i + H_j - H_{ij} \tag{5-3}$$

如果这两个变量完全独立，则 T_{ij} 值为 0，否则 T_{ij} 值为正。我们用 u、i、g 分别表示表示中国大学、中国企业和中国政府发表的论文数量，则三维互信息表示如下：

$$T_{uig} = H_u + H_i + H_g - H_{ui} - H_{ug} - H_{ig} + H_{uig} \tag{5-4}$$

注意到可测变量的不确定性由互信息 T 来确定，因此将互信息作为一个动态指标来衡量各主体间的紧密程度，二维互信息比如 T_{ui} 的值越大，表明大学和企业的合作关系越紧密。三维互信息为系统的自组织性度量，且负相关，用以解释关系网络因缺乏中心协调而出现的自组织性。[2] 当 T_{uig} 的值为负时，表明三维关系在其所组成的

---

① 叶鹰、鲁特·莱兹多夫、武夷山：《三螺旋模型及其量化分析方法研讨》，《中国软科学》2014 年第 11 期。

② 庄涛、吴洪：《基于互信息的官产学研三螺旋国际合作测度研究》，《情报杂志》2013 年第 12 期。

系统中发挥了自组织作用，T_{uig}值越小，整个系统的自组织水平越高，则表明大学、企业和政府三者之间的合作关系越紧密。

　　本书关注大学、企业、政府和研究机构之间的四维关系，须对三螺旋算法进行拓展。四维计量模型最早被用来研究三螺旋国际合作，通过构建大学、企业、政府和国外机构的模型来测度各方协同的程度及参与国际合作的深度。[1][2] 本书借鉴已有研究，构建政府、企业、大学和研究机构四维计量模型，通过互信息来对其二维、三维和四维主体间的自组织性及协同性进行量化处理。如果用 a 表示研究机构发表的论文数量，则四维模型可表示为：

$$T_{uiga} = H_u + H_i + H_g + H_a - H_{ui} - H_{ug} - H_{ig} - H_{uf} - H_{ia} - H_{ga} + H_{uig} + H_{uia} + H_{iga} - H_{uiga} \tag{5-5}$$

　　式中，H_a 表示研究机构发表论文的熵；H_{ua} 表示大学与研究机构合作的二维熵；H_{uia} 表示大学、企业和研究机构合作的三维熵；H_{uiga} 表示大学、企业、政府和研究机构合作的四维熵。四维互信息 T_{uiga} 用以衡量大学、企业、政府和研究机构之间合作的紧密程度，其值越小，表明四者之间的关系越紧密。[3]

第三节　数据收集与处理

　　基于科学计量的三螺旋定量研究大多把论文和专利作为科技创

　　① 庄涛、吴洪、胡春：《高技术产业产学研合作创新效率及其影响因素研究——基于三螺旋视角》，《财贸研究》2015 年第 1 期。

　　② Leydesdorff, L., Zhou, P., "Measuring the Knowledge - Based Economy of China in Terms of Synergy Among Technological, Organizational, and Geographic Attributes of Firms", *Scientometrics*, Vol. 98, No. 3, 2014, pp. 1703 - 1719.

　　③ Leydesdorff, L., Sun, Y., "National and International Dimensions of the Triple Helix in Japan: University - Industry - Government Versus International Coauthorship Relations", *Journal of the American Society for Information Science and Technology*, Vol. 60, No. 4, 2009, pp. 778 - 788.

新活动的产出指标。① 论文更加偏重基础科学研究，相对于专利，论文具有基础性、源泉性和导向性。② 论文被接收之前要经过共同选题、实验、数据收集处理、撰写修改等过程，在多数情况下，合作发表论文能够证明共同完成的工作意义。③ 因此，本书分析数据来自 Thomson Reuters 公司旗下美国科学情报研究所（ISI）开发的科学网（WoS）核心合集，引文索引选择 SCI－E（科学引文索引扩展版）数据库。该数据库收录了 6000 余种较高质量期刊，是当前开展文献计量分析较权威的文献资源。以 SCI－E 为数据源，对其中作者所属国家含"China"发表时间为 2006—2015 年的英文论文（Article）进行检索（检索时间为 2016 年 7 月 18 日），共得到1556513 篇学术论文。

将这些论文按照作者地址和单位进行逐年分类，如将作者地址中包含"UNIV* OR COLL*"的划归到"大学"（U）的范围，地址中包含"GMBH* OR CORP* OR LTD* OR GRP* OR INC* OR SA* OR LIM* OR BANK"划归到"企业"（I）的行列，地址中包含"GOVT* OR MINIST* OR BUREAU OR OFFICE"划归到"政府"（G）范畴，地址中包含"CAS OR CAE OR CASS OR ACADEMY OR NIH"划归到"研究机构"（A）范畴。作者地址中同时含有以上两者、三者或四者信息的分别类归到"大学—企业"（UI）、"大学—政府"（UG）、"企业—政府"（IG）、"大学—研究机构"（UA）、"企业—研究机构"（IA）、"政府—研究机构"（GA）、"大学—企业—政府"（UIG）、"大学—企业—研究机构"（UIA）、"企业—政府—研究机构"（IGA）、"大学—政府—研究机构"（UGA）和"大学—企业—

① Barney, "Firm Resources and Sustained Competitive Advantage", *Journal of Managemen*, Vol. 17, No. 1, 1991, pp. 99 – 120.
② 李平、宫旭红、张庆昌：《基于国际引文的技术知识扩散研究：来自中国的证据》，《管理世界》2011 年第 12 期。
③ 让－费朗索瓦·米格尔、筱崎－奥户美子、诺拉·纳瓦耶茨、路易茨·弗里哥勒托、陈德言：《联名发表论文是科学家国际合作的重要评价指标》，《世界研究与开发报导》1989 年第 4 期。

政府—研究机构"（UIGA）11 个类别，分别统计每个类别发表的论文数量，可以得到进行中国三螺旋四维模型研究的数据基础。

从表 5 - 1 和图 5 - 1 可以发现，过去十年间，我国的 SCI 论文发表数量无论是总数还是各机构发表的数量都表现出快速增长的趋势，总数从 2006 年的 76761 篇增加到 2015 年的 267236 篇，年均增长率 14.9%。其中，政府发表论文增长速度最快，年均增长率为 24.5%；研究机构增长速度相对缓慢，年均增长率为 12.4%。

表 5 - 1　　　2006—2015 年中国作者发表 SCI 论文统计　　　单位：篇

年份	A	U	I	G	UG	IG	UI	UA	IA	GA	UIG	UGA	UIA	IGA	UIGA
2006	14993	60834	2226	4301	612	106	1454	8097	401	467	23	98	143	10	3
2007	15906	69510	2468	5872	786	160	1650	8625	467	623	31	121	186	21	2
2008	17983	80776	3020	7620	954	210	2054	9723	519	779	41	149	205	25	5
2009	19858	94274	3635	10379	1332	288	2563	10956	575	1066	45	196	239	28	5
2010	22254	105655	4127	12999	1740	362	2866	12255	724	1393	60	252	295	45	9
2011	25697	125178	5154	16294	2331	495	3605	14526	867	1810	83	342	369	59	10
2012	29955	145213	6283	18919	2738	601	4492	17025	1122	2248	96	436	469	74	13
2013	34499	173616	7733	23638	3651	904	5564	19540	1322	2730	152	531	599	104	23
2014	39026	203272	9563	27597	4159	1036	6955	22085	1600	3257	191	626	686	133	25
2015	43065	223511	11059	30978	4924	1281	8227	24694	1945	3860	227	753	869	177	26

资料来源：Web of Science（WoS）SCIE 数据库。

从数量来看，大学发表的 SCI 论文最多，占总量的 82.3%，其次是研究机构，占总量的 16.9%。这说明大学和研究机构作为最为活跃的知识源头，对推动科学发展，特别是基础性科学的发展起着至关重要的作用。大学已成为我国科学研究的重要阵地，大学的科研水平基本上反映了我国的科研水平状况。这与 1998 年以来国家启动的"985 工程"和"211 工程"紧密相关。这两项工程不仅开启了我国建设世界一流大学的进程，而且激发了大学以学科建设为龙头推进科学研究工作的自觉性和积极性。《国家创新指数报告（2015）》显示，我国R&D经费投入总量位居世界第2位，发表SCI论文数量及累计被引用次数两项指标均居世界第2位，科技论文产出呈现出量质齐升的向好局面。① 而企业发表的SCI论文数量较少，仅占总量的3.6%。这一方面是由于企业比较注重以专利的形式保护其科研成果，另一方面也反映出中国企业不重视基础研究，科技创新能力偏弱。②

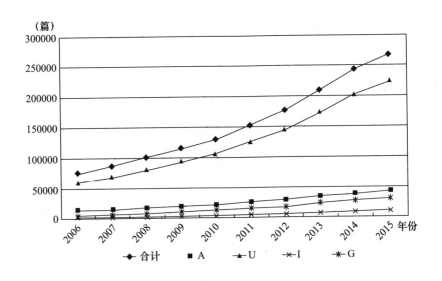

图5-1 中国作者发表SCI论文统计

从合作机构领域来看，大学与研究机构合著论文最多，占发表论文总量的9.5%，而企业与其他创新主体的合作相对较少。这说明大学和研究机构在科技创新体系中有着较大的职能重叠，更容易找到共同的利益诉求点。

---

① 李培凤：《我国大学跨界协同创新的耦合效应研究——基于SCI合作论文的互信息计量》，《复旦教育论坛》2015年第2期。
② 许侃、聂鸣：《互信息视角下的大学—产业—政府三螺旋关系：中韩比较研究》，《情报杂志》2013年第4期。

第四节　基于互信息的三螺旋实证分析

将原始数据应用于上述三螺旋算法，可以得到每一个边缘概率（如 P_u），再对二维、三维和四维互信息（T）进行计算，可知相应的系统状态，从而得到各合作主体关系的计量表达。计算结果如表 5-2 所示。

表 5-2　基于 SCI 论文数据的中国官产学研三螺旋关系计量表达

单位：mbit

年份	T(UG)	T(IG)	T(UI)	T(UA)	T(IA)	T(GA)	T(UIG)	T(UGA)	T(UIA)	T(GIA)	T(UIGA)
2006	85.127	0.030	2.244	59.214	0.032	2.337	-0.783	-21.027	-0.437	-0.004	265.891
2007	113.149	0.003	2.141	60.163	0.004	2.396	-0.823	-28.062	-0.227	-0.006	229.399
2008	133.780	0.014	2.016	60.759	0.009	2.734	-1.086	-34.412	-0.367	-0.010	205.053
2009	165.227	0.032	1.618	56.958	0.029	2.648	-1.130	-42.000	-0.353	-0.004	168.481
2010	188.863	0.045	2.088	59.578	0.002	2.649	-1.725	-53.061	-0.236	-0.002	128.043
2011	204.352	0.033	2.306	55.773	0.000	2.267	-2.038	-57.256	-0.321	-0.002	102.634
2012	205.368	0.040	1.942	55.794	0.014	1.749	-1.823	-56.612	-0.110	0.002	101.037
2013	219.396	0.004	2.121	58.156	0.007	1.775	-1.555	-67.816	-0.262	-0.001	65.654
2014	228.674	0.008	2.191	59.246	0.010	1.319	-2.334	-72.185	-0.194	0.000	47.038
2015	230.555	0.000	1.726	57.121	0.049	0.991	-1.691	-70.461	-0.012	0.000	47.004

二维合作方面，各创新主体间合作的紧密程度差别较大，按其二维互信息的数值大小分为三个类别：

第一类是大学—政府、大学—研究机构之间的合作。如图 5-2 所示，其二维合作互信息值较大，均高于 50mbit，说明它们之间的合作较为紧密。其中，大学—政府之间的二维互信息值最大，并呈逐年上升的趋势。特别是 2011 年教育部、财政部出台了《关于实施高等学校创新能力提升计划的意见》（以下简称《2011 计划》），其核心是推动大学内部以及外部创新资源的融合发展，形成"多元、融合、动态、持续"的协同创新模式与机制。在这一政策的激励下，大学在协同创新中表现得更为活跃。大学—研究机构之间的二维互信息也较大，发展趋势较为平缓。这主要是由于大学和研究机构在创新职能与目标上有一定的重叠，创新人才交流频繁，特别是在基础研究领域，两者表现最为活跃，是知识创新的重要来源。

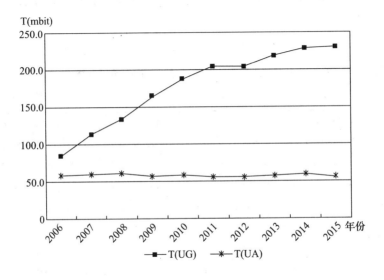

图 5-2　中国大学—政府、大学—研究机构合作二维关系

　　第二类是大学—企业、政府—研究机构之间的合作。如图 5-3 所示，这类合作二维互信息值居中，并呈缓慢下降的趋势。从大学与企业之间的协同关系可以看出，企业作为技术创新的主要阵地与作为知识创新源泉的大学之间的协同互动不足。一方面，大部分企业只注重短期效应，而不重视基础领域的研究，在协同创新方面更多地采取技术引进的形式，与大学之间的深层次协同创新较为匮乏；另一方面，大学的科研评价机制过于重视 SCI 论文发表等量化指标，而忽视了知识资本化与技术产业化，通过与企业的合作来实现科技成果转化方面有待加强。政府与研究机构之间的协同关系近

五年来趋于松散，这主要是由于随着我国科技体制改革的深化，研究机构逐步摆脱对政府的依赖，研究机构去行政化改革收到效果。我国的研究机构是计划经济体制下政府指令性管理模式的产物，政府是研究机构的投资人和主办者，而研究机构的发展又依赖于政府的财政支持，然而，随着市场经济对高度集权的管理体制和政治文化的冲击，政府控制型管理基础被日渐削弱，研究机构迫切希望获得与自身发展事务相关的话语权。[①] 中共十八届三中全会通过的《中共中央关于全面深化改革若干重大问题的决定》明确提出了研究机构"去行政化"的具体要求。因此，受政府职能转变、事业单位分类试点改革、深化科技体制改革的影响，政府与研究机构之间的关系趋于松散。

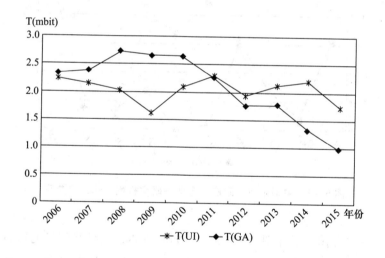

图 5 - 3　中国大学—企业、政府—研究机构合作二维关系

第三类是企业—政府、企业—研究机构之间的合作。这类合作二维互信息值很低，均小于 0.05mbit，这反映出企业与政府、研究

---

　　① 李政刚、谯涵丹：《公立研究机构改革与政府职能定位：审视与重构》，《重庆科技学院学报》（社会科学版）2015 年第 9 期。

机构之间的合作关系非常松散，企业与政府或研究机构的协同创新机制尚未形成。一方面，是由于企业在创新过程中希望尽快将科技成果转化为经济效益，创新往往发生在技术应用领域，对于基础领域的研究不够重视，成果大多表现为专利、新产品等，而 SCI 论文更多的是基础领域研究的成果；另一方面，政府往往通过对大学和研究机构资金投入的形式来直接参与创新活动，而对企业创新活动的支持则是通过政策扶持、税收优惠等方式间接实现，因此，企业与政府、研究机构在创新中的关系有待加强。

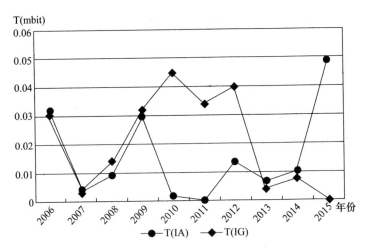

图 5-4　中国企业—政府、企业—研究机构合作二维关系

三维合作关系如图 5-5 所示。如前所述，三维互信息的值越小表明系统整体的自组织性越强，即三方合作关系越发紧密。总体来看，三维合作的互信息都为负值，说明政府、企业、大学和研究机构在协同创新中，任意三方构成的协同关系在系统中发挥了自组织作用，三者之间的合作关系较为稳定。具体来看，首先，大学、政府和研究机构三方合作的互信息值［T（UGA）］最小，并呈逐年下降的趋势，这三方的关系是最密切的。这主要是由于在我国政府、大学和研究机构之间有着天然的联系，政府是大学和研究机构最重

要的经费来源。研究机构作为承担政府为社会提供公共知识产品和
公共科技服务的公益性组织，代替政府行使部分公共服务职能，因
而它不可能完全脱离政府的监管自行决断事务。[①] 在我国，除基础
研究经费过多地集中于研究机构外，大学和研究机构并无明确分
工，两者应用研究的比重均在50%以上，存在着显而易见的职能重
叠现象。因此，大学与研究机构在创新过程中经常采用诸如联合申
报和承担课题、共享数据资源、共建实验室、互聘研究人员以及联
合培养研究生、共建博士后科研流动站等多种形式开展实质性合
作。其次，政府、企业和大学三维互信息值［T(GIU)］较小，合
作关系较为紧密，表明由大学、企业和政府所组成的传统三螺旋模
型在协同创新系统中发挥了自组织作用，三方互动形成持续创新的
动力机制，较为稳定的官产学合作关系初步形成。最后，大学、企
业和研究机构三维互信息值［T(UIA)］以及政府、企业和研究机
构三维互信息值［T(GIA)］较大，其三方合作关系较为松散，长
效合作机制尚未形成。

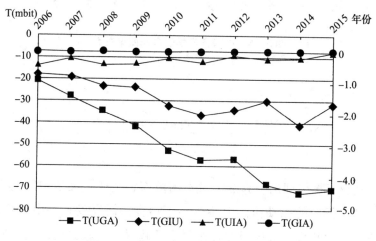

图 5 - 5　中国官产学研合作三维关系

① 李政刚、谯涵丹：《公立研究机构改革与政府职能定位：审视与重构》，《重庆科技学院学报》（社会科学版）2015 年第 9 期。

图 5 - 6 反映了中国政府、企业、大学和研究机构四维合作关系
的变化趋势，近十年来四维合作互信息的值［T（UIGA）］呈大幅度
下降趋势，说明系统整体自组织性在逐步增强，官产学研四方合作
主体的关系趋于紧密。四维互信息的值较低，说明我国政府、企
业、大学和研究机构在创新过程中协同性、互动性较强，协同创新
体系基本形成，且发展稳定，各个主体间协同创新初显成效。

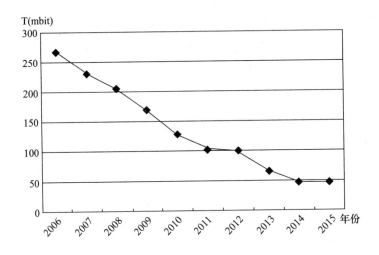

图 5 - 6 中国官产学研合作四维关系

第五节 结论与建议

基于三螺旋理论与算法，对中国政府、企业、大学和研究机构
在协同创新中的互动协同关系进行了研究。研究发现：中国政府、
企业、大学和科研机构四方合作关系日趋紧密，较为稳定的协同创
新体系初步形成；从参与主体来看，大学在协同创新中表现最为活
跃，其次是政府和研究机构，而企业参与程度最低；从合作形式来
看，大学、政府和研究机构之间的双边或三边互动协同活动较为深

入。针对上述结论，提出以下对策建议：

第一，充分发挥大学在知识创新过程中的优势，并将这种优势延伸到技术创新领域，实现知识的资本化。在知识创新阶段，大学通过与政府、企业和研究机构的协同创新，创造出了大量的科研成果，但是，大部分都是以论文或专利的形式存在。科研成果没有进入现实的生产过程，不能带来物质财富的增加。① 因此，大学应加快科技成果转化为现实生产力的速度，让大学教师带着创新的科研成果和企业家一同进入孵化新技术阶段，进行协同创新。2016 年 11 月 7 日发布的《关于实行以增加知识价值为导向分配政策的若干意见》提出，允许科研人员和高校教师依法依规适度兼职兼薪。大学应鼓励教师通过企业兼职的形式参与协同创新，促进科技成果转化。同时，在科研评价中，大学和研究机构应弱化对论文发表数量的量化指标绩效，并将技术转移合同金额、产生的经济与社会效益以及同行评价等方面结合起来，进行多方位的考察。②

第二，强化我国企业在科技创新中的主体地位。企业作为科技成果运用与实现的主战场和成果实现方，通过协同创新，能够加快知识资本化和技术产业化的进程，但由于中国企业对基础领域的研究重视不够，企业科技创新能力较弱而导致合作关系较为松散，成为制约我国三螺旋协同创新体系发展的重要因素。企业应主动寻求大学和研究机构的高科技（包括成果和人才）辐射。③ 例如，在区位选择上，一些发达国家的企业选址逐渐接近研究型大学，以便就近接受其高科技（包括成果和人才）辐射。与此相应，我国一些创新驱动的先行地区有一系列的创造，例如，中关村科技园区依靠其丰富的科技资源吸引了一大批高新技术企业。企业应通过协同创新将其创新领域扩展到知识发现阶段，从而实现与大学和研究机构的

① 洪银兴：《产学研协同创新的经济学分析》，《经济科学》2014 年第 1 期。
② 许侃、聂鸣：《互信息视角下的大学—产业—政府三螺旋关系：中韩比较研究》，《情报杂志》2013 年第 4 期。
③ 洪银兴：《产学研协同创新的经济学分析》，《经济科学》2014 年第 1 期。

深度融合，为技术创新与成果转化提供有力支撑。

第三，研究机构和大学应通过科技资源整合的方式进行深度融合与协同发展。两者在科学研究和人才培养方面有着职能重合，通过打破原有的组织边界，使我国有限的科研资源发挥最大的效益。将大学、中国科学院系统和各部委、地方属研究机构纳入我国科技与教育改革的总体战略规划之中，可优先考虑将新建的研究机构设立在大学之中，从而使研究机构的研究力量与大学的人才优势、多学科综合和交叉的优势结合起来。[①] 同时，可以采取把中国科学院地方分院和地方政府部门所属的研究机构就近并入大学等形式进行适当的资源重组，如 2016 年 11 月，山东省内燃机研究所整建制并入山东交通学院就是院所合并的一次有益尝试，通过整合双方资源设施、技术设备、人才队伍等方面的优势，实现科技资源的优化配置，促进我国教育、科技事业的协调发展。

第四，现阶段我国政府应加大对协同创新的引导和集成，在宏观政策支持的基础上，通过适当的载体参与协同创新。比如，创办科技孵化器，吸引科研人员和企业家同时入驻，对有市场化应用前景的科技成果进行孵化。孵化器具有共享性和公益性特征，政府提供场地等基础设施、种子资金、税收等优惠政策，大学和研究机构提供知识与人力资本，企业带来市场需求、管理经验、资金等资源，各类风险投资者也进入这里选择投资项目，通过协同创新提高科技成果转化率，降低创业企业的风险和成本。

---

① 殷朝晖：《研究型大学与政府研究机构的关系——国际比较研究》，《自然辩证法研究》2006 年第 4 期。

第六章 中国官产学三螺旋
国际合作实证研究

在当今世界科技发展日新月异、经济全球化和技术国际化的今天，国际科技合作已成为推动科技创新和技术进步的重要手段之一。新能源、信息、纳米等前沿科技正在产生群体性突破并不断交叉融合，将孕育重大科技变革和创新跃升。同时，人类社会共同面临着气候变化、资源环境、节能减排、人口健康等问题的挑战以及经济社会转型的巨大压力，急需世界各国联起手来共同应对。近几十年来，跨国家（地区）边界的知识交流已经变得越来越普遍。[①]2008年国际金融危机爆发后，贸易摩擦骤增、外部经济不平衡凸显，国际科技合作面临着新的问题与挑战。

三螺旋理论认为，在官产学研协同创新中，大学、企业和政府三者的角色相互渗透，偏离自身传统角色越多的组织就越能够成为创新的主体，其核心意义在于将具有不同价值体系的大学、企业和政府统一起来，通过增强三者之间有效互动形成的合力来实现创新系统的不断演化和升级，从而促进经济社会的可持续发展。[②] 然而，很多杰出的科研成果都是由国际合作来完成的。大学、企业、政府

① Lei, X. P., Zhao, Z. Y., Zhang, X., Chen, D. Z., Huang, M. H., Zhao, Y. H., "The Inventive Activities and Collaboration Pattern of University – Industry – Government in China Based on Patent Analysis", *Scientometrics*, Vol. 90, No. 1, 2012, pp. 231 – 251.

② Liang, L. M., Chen, L. X., Wu, Y. S., Yuan, J. P., "The Role of Chinese U-niversities in Enterprise – University Research Collaboration", *Scientometrics*, Vol. 90, No. 1, 2012, pp. 253 – 269.

等各方创新主体都通过参与国际合作来实现科技创新。[1]

过去 30 多年，全球化、知识经济化以及科学技术的迅猛发展使人们日益认识到开展国际产学研合作对有效配置全球科技资源，提升国家或区域竞争力以及促进经济增长方面的巨大作用。[2] 各国学者也应用三螺旋理论对国际科技合作进行了深入研究，并出现了一些官产学研国际合作方面的定量研究，但主要关注发达国家的国际合作，对于新兴经济体和发展中国家关注较少；[3][4][5] 国内学者偏重定性分析，如国际科技合作模式、合作政策等，计量研究较少；[6][7] 计量研究中，学者分别对国内大学、企业和政府之间的三螺旋动态关系进行测定[8][9]以及中国参与国际合作的整体表现进行研究[10]，而少有涉及两者之间即官产学研国际合作各方主体间关系的研究。因

① Gao, X., Guo, X., Guan, J. C., "An Analysis of the Patenting Activities and Collaboration Among Industry – University – Research Institutes in the Chinese ICT Sector", *Scientometrics*, Vol. 98, No. 1, 2014, pp. 247 – 263.

② Khan, G. F., Park, H. W., "The E – Government Research Domain: A Triple Helix Network Analysis of Collaboration at the Regional, Country, and Institutional Levels", *Government Information Quarterly*, Vol. 30, No. 2, 2013, pp. 182 – 193.

③ Lei, X. P., Zhao, Z. Y., Zhang, X., Chen, D. Z., Huang, M. H., Zhao, Y. H., "The Inventive Activities and Collaboration Pattern of University – Industry – Government in China Based on Patent Analysis", *Scientometrics*, Vol. 90, No. 1, 2012, pp. 231 – 251.

④ Leydesdorff, L., Zhou, P., "Measuring the Knowledge – Based Economy of China in Terms of Synergy Among Technological, Organizational, and Geographic Attributes of Firms", *Scientometrics*, Vol. 98, No. 3, 2014, pp. 1703 – 1719.

⑤ Villarreal, O., Calvo, N., "From the Triple Helix Model to the Global Open Innovation Model: A Case Study Based on International Cooperation for Innovation in Dominican Republic", *Journal of Engineering and Technology Management*, Vol. 35, 2015, pp. 71 – 92.

⑥ 刘伟、曹建国、吴荫芳：《搭建国际技术转移平台实践科技服务社会宗旨——清华大学对俄科技合作十年回眸与思考》，《研究与发展管理》2010 年第 2 期。

⑦ 张在群：《政府引导下的产学研协同创新机制研究》，博士学位论文，大连理工大学，2013 年，第 127 页。

⑧ 蔡翔、刘晓正：《SCI 视角的官产学创新合作关系测度研究》，《中国科技论坛》2012 年第 8 期。

⑨ 许侃、聂鸣：《互信息视角下的大学—产业—政府三螺旋关系：中韩比较研究》，《情报杂志》2013 年第 4 期。

⑩ 刘娅：《从国际科技合著论文状况看中国环境领域国际科技合作态势》，《中国软科学》2011 年第 6 期。

此，本书应用三螺旋理论研究中国国际科技合作，聚焦于大学、企业、政府等各方参与国际科技合作的细化分析与测度，有助于发现大学、企业和政府参与国际合作的三螺旋动态关系，揭示出中国官产学研各方参与国际科技合作的紧密程度与发展态势，并进一步丰富三螺旋理论体系的形成。

本章以美国科技信息所（ISI）科学引文索引数据库扩展版（SCI－EXPANDED）中收录的中国学者发表的论文数据为依据，运用三螺旋理论，对三螺旋定量算法进行拓展，建立包括大学、企业、政府和国际合作在内的四维合作模型，用互信息来测度四维合作主体间的紧密程度，探索性地分析大学、企业和政府之间的互动关系以及各方参与国际合作的基本表现与特征，从而揭示在时间序列上中国官产学国际化合作的发展态势，力图为完善中国三螺旋模型的发展提供借鉴，为政府制定国际合作政策和企业国际化实践提供参考。[①]

第一节　三螺旋国际合作模型

在应用三螺旋算法对官产学研国际合作关系的定量测度方面，国外学者做了一些系统研究。Leydesdorff 和 Yuan Sun（2009）运用三螺旋理论综合研究日本国内国际科技合作，并对模型中的三维或四维变量进行测度，发现日本国内的三螺旋合作在不断衰退，而国际科技合作自 20 世纪 90 年代中期以后不断增强。[②] Yuan Sun 和 Masamitsu Negishi（2010）在对日本大学、企业、政府和国际合作

[①]　庄涛、吴洪、胡春：《高技术产业产学研合作创新效率及其影响因素研究——基于三螺旋视角》，《财贸研究》2015 年第 1 期。

[②]　Leydesdorff, L., Sun, Y., "National and International Dimensions of the Triple Helix in Japan: University－Industry－Government Versus International Coauthorship Relations", *Journal of the American Society for Information Science and Technology*, Vol. 60, No. 4, 2009, pp. 778－788.

四维合作关系进行测度的基础上，引入部分相关系数的图解分析模型，研究发现，传统的官产学三者之间合作关系逐渐松散，而三者与国外的合作越发紧密，大学作为合作中心成为联系国内国际合作的桥梁。[①] Kwon 和 Park 等（2012）运用三螺旋算法，分析了韩国大学、企业和政府三种机构之间以及与国际合作伙伴之间的关系，发现国际合作关系受政府政策影响较大，进入 21 世纪以来各机构间的合作关系稳定发展。[②] Sujin Choi（2012）通过对 30 个经济合作与发展组织国家参与国际合作的情况进行分析，发现地理位置、语言和经济密切关系不会显著影响国际科技合作，而信息化和交通运输的发展促进了国与国之间的科技合作，但没有加速科技中心的形成，韩国和土耳其的国际科技合作发展迅速主要得益于政府的财政支持。[③]

本书借鉴已有研究成果，将三螺旋算法进行拓展，构建包括中国大学、企业、政府和国外机构的四维合作模型，通过互信息来测度二维、三维和四维三螺旋关系，将国内国际官产学合作互动关系及其网络进行量化处理。如果用 f 表示中国作者与国外作者合作发表的论文数量，则四维模型表示如下：

$$T_{uigf} = H_u + H_i + H_g + H_f - H_{ui} - H_{ug} - H_{ig} - H_{uf} - H_{if} - H_{gf} + H_{uig} + H_{uif} + H_{igf} - H_{uigf} \tag{6-1}$$

式中，H_f 表示中国作者和国外作者合作发表论文的熵；H_{uf} 表示中国大学和国外机构合作的二维熵；H_{uif} 表示中国大学、企业和国外

① Sun, Y., Negishi, M., "Measuring the Relationships Among University, Industry and Other Sectors in Japan's National Innovation System: A Comparison of New Approaches With Mutual Information Indicators", *Scientometrics*, Vol. 82, No. 3, 2010, pp. 677 – 685.

② Kwon, K. S., Park, H. W., So, M., Leydesdorff, L., "Has Globalization Strengthened South Korea's National Research System? National and International Dynamics of the Triple Helix of Scientific Co – Authorship Relationships in South Korea", *Scientometrics*, Vol. 90, No. 1, 2012, pp. 163 – 176.

③ Choi, S., "Core – Periphery, New Clusters, or Rising Stars: International Scientific Collaboration among 'Advanced' Countries in the era of Globalization", *Scientometrics*, Vol. 90, No. 1, 2012, pp. 25 – 41.

机构合作的三维熵；H_{uigf}表示中国大学、企业、政府和国外机构合作的四维熵。四维互信息 T_{uigf} 用以衡量中国大学、企业、政府和国外机构之间合作的紧密程度，其值越小表明四者之间的关系越紧密。[①]

第二节　数据收集与处理

一　数据源选择

论文数据反映了基础科学研究，本章选择 SCI 论文数据作为数据源，其原因有三：一是基础科学研究是技术创新的源泉及动力，作为基础研究的主要成果形式，学术论文具有基础性、源泉性和导向性特点。[②] 大学和研究机构往往以论文为标准考核衡量业绩，尽管企业和政府期望取得的合作创新成果是实用技术和产品创新，但是，企业和政府对基础科学的研究有利于其了解科技发展动向，明确科研创新的盈利点。参与国际合作的企业以科技创新能力强的大型企业居多，这些企业更加重视基础科学的研究，为企业的长远发展提供保障。二是有研究表明，在中国科技合作和合著论文具有正相关关系。[③] 论文在发表之前要经过共同研究计划、实验、收集数据、撰写修改等合作过程，在大多情况下，能够证明共同完成的工

---

① Leydesdorff, L., Zhou, P., "Measuring the Knowledge – Based Economy of China in Terms of Synergy Among Technological, Organizational, and Geographic Attributes of Firms", *Scientometrics*, Vol. 98, No. 3, 2014, pp. 1703 – 1719.

② 李平、宫旭红、张庆昌：《基于国际引文的技术知识扩散研究：来自中国的证据》，《管理世界》2011 年第 12 期。

③ Hitt, Michael A., Biermant Leonard, Shimizu Katsuhiko, Kochhar Rahul, "Direct and Moderating Effects of Human Capital on Strategy and Performance in Professional Service Firms: A Resource – Based Perspective", *Academy of Management Journal*, Vol. 44, No. 1, 2001, pp. 13 – 28.

作意义。① 在这一阶段建立起来的合作关系为技术应用领域的合作打下了基础。三是尽管近几年世界各国专利数据库逐步完善，而对于国际合作而言，各国数据库相对独立，没有一个世界公认的能覆盖大多数国家的权威数据库，而 SCI 论文数据库权威性高、覆盖面广，能够更加全面地反映出世界各国的科技产出。② 因此，基于 SCI 合著论文的计量研究可以从一定程度上反映出不同国家、不同部门之间科技合作开展的状况与成效。

二 数据收集

本章所收集的数据来自 Thomson Reuters 公司提供的科学引文索引数据库扩展版（SCI – EXPANDED）。该数据库收录了 6000 余种较高质量期刊，是当前开展文献计量分析的较权威的文献资源。以 SCI – EXPANDED 为数据源，对其中作者所属国家含"China"发表时间为 2005—2014 年的英文论文（Article）进行检索（检索时间为 2015 年 4 月 1 日），共得到 1536163 篇学术论文。

将这些论文按照作者地址单位进行逐年分类，如将作者地址中包含"UNIV* OR COLL*"的划归到"大学"（U）的范围，地址中包含"GMBH* OR CORP* OR LTD* OR GRP* OR INC* OR LIM* OR BANK*"划归到"企业"（I）的行列，地址中包含"GOVT* OR MINIST* OR ACAD* OR NIH*"划归到"政府"（G）范畴，地址中包含中国以外的其他国家的划归到"国外"（F）范畴。在 SCI – E 数据库中，通过逻辑运算符"and"和"same"对作者地址中同时含有以上两者、三者或四者信息的分别类归到"大学—企业"（UI）、"大学—政府"（UG）、"企业—政府"（IG）、"大学—国外"（UF）、"企业—国外"（IF）、"政府—国外"（GF）、"大学—企业—政府"

① Loet Leydesdorff, Zeng Guoping, "University – Industry – Government Relations in China", *Industry and Higher Education*, Vol. 15, No. 3, 2001, pp. 179 – 182.

② Khan, G. F., Park, H. W., "Measuring the Triple Helix on the Web: Longitudinal Trends in the University – Industry – Government Relationship in Korea", *Journal of the American Society for Information Science and Technology*, Vol. 62, No. 12, 2011, pp. 2443 – 2455.

（UIG）、"大学—企业—国外"（UIF）、"企业—政府—国外"（IGF）、
"大学—政府—国外"（UGF）和"大学—企业—政府—国外"
（UIGF）11 个类别。对于中国机构与国外机构的合作，比如，检索
中国大学与国外机构合作的论文，为了排除中国机构与国外大学合
作的情况，采用"same"逻辑运算符，"same"表示在同一句子中
出现的关键词，即 ad =（China or Taiwan China）same（UNIV* OR
COLL*）表示对中国大学的检索，而不包括中国机构与国外大学的
情况。分别统计每个类别内出现的频数，所得到的这些数据就构成
了进行官产学研国际合作发表论文研究的数量基础，如表 6 - 1
所示。

表 6 - 1　　　　2005—2014 年中国作者发表 SCI 论文统计　　单位：篇

年份	F	U	I	G	UG	IG	UI	UF	IF	GF	UIG	UGF	UIF	IGF	UIGF
2005	16986	69077	2573	18219	11696	639	2175	12987	252	4067	462	1587	133	66	32
2006	20006	83526	3127	21737	14767	734	2673	15548	365	4965	514	2130	190	86	44
2007	22129	93040	3392	24254	17490	866	2958	17688	360	5378	646	2586	202	84	39
2008	26155	107294	4091	28144	20993	988	3600	21369	467	6428	755	3385	264	128	73
2009	30313	123102	4764	32700	25382	1144	4147	25194	521	7310	882	4108	298	141	82
2010	35357	136149	5352	37608	29932	1448	4744	29668	639	8890	1174	5299	414	186	126
2011	40834	158852	6591	44494	36163	1814	5893	34388	851	10432	1530	6479	537	284	192
2012	46204	180786	7833	51736	42337	2245	7061	39193	983	12067	1885	7682	649	327	216
2013	54221	211778	9418	60958	51506	2815	8535	46272	1176	14366	2443	9604	784	388	268
2014	61626	242436	11453	69288	59766	3335	10415	53547	1495	16334	2890	11543	1063	442	323

资料来源：Web of Science（WoS）SCIE 数据库。

　　过去十年间，我国的 SCI 论文发表数量无论是总数还是各机构
发表的数量都表现出快速增长的趋势，总数从 2005 年的 78746 篇上
升为 2014 年的 260461 篇（见图 6 - 1）。从增长幅度来看，大学增

速最快；其次是政府以及中国与国外合作发表的论文，2010年以后尤为如此，而企业发表的论文数量增长较为缓慢。

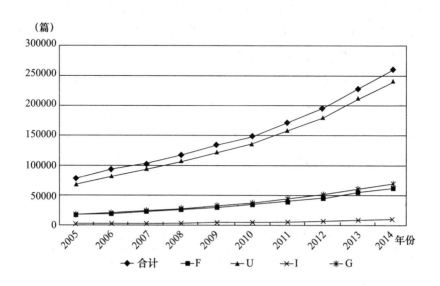

图 6 – 1　中国作者发表 SCI 论文数量

从数量上看，中国发表的论文主要是依靠大学，2014年大学发表的 SCI 论文占总数量的93.1%，这一方面说明大学作为最活跃的知识源头，对推动科学发展，特别是基础性科学的发展起着至关重要的作用；另一方面也与许多中国大学将 SCI 论文作为教师职称评定、学科评估、基金申报等的重要依据有关。而企业发表的 SCI 论文数量很少，2014年为11453篇，仅占总数量的4.4%。这一方面是由于企业比较注重以专利形式保护其科研成果，另一方面也反映出中国企业的科技创新能力偏弱。①

中国与其他国家/地区研究人员合著形成的 SCI 论文数量从2005年的16986篇上升到2014年的61626篇，年均增长速度16%

---

① 许侃、聂鸣：《互信息视角下的大学—产业—政府三螺旋关系：中韩比较研究》，《情报杂志》2013年第4期。

左右，比同期中国学者发表 SCI 论文总量的增长速度更快。从合作机构来看，中国大学与国外研究人员合著的论文数量最多。说明在基础研究领域，大学是开展国际科技合作的主导力量，而政府和企业参与的国际科学研究相对较少。

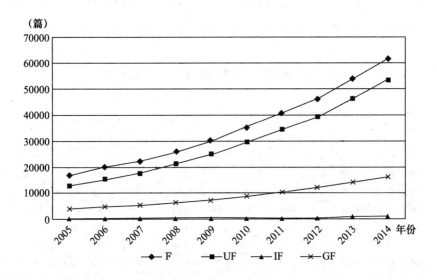

图 6-2　中国与国外合作发表 SCI 论文数量

第三节　基于 SCI 论文数据的
三螺旋实证分析

将原始数据应用于上述三螺旋算法，可以得到每一个边缘概率（如 P_u），再对二维、三维和四维互信息（T）进行计算，可知相应的系统状态，从而得到各合作主体关系的计量表达。计算结果如表 6-2 所示。

图 6-3 显示了 2005—2014 年中国国内的官产学研三螺旋体系的发展态势，而没有考虑参与国际合作的情况。可以发现，三维互

信息 T（UIG）的值始终为负值，表明中国大学、企业和政府三方共同协作的三维关系在其所组成的系统中发挥了自组织作用，三方互动形成持续创新的动力机制，较为稳定的国内官产学研合作关系已初步形成。从发展趋势来看，三维互信息 T（UIG）值有螺旋增加的趋势，说明近几年中国国内的官产学研各方在创新中的互动关系趋于松散，特别是 2012 年以后创新中的协同程度有待加强。

表 6 - 2　　基于中国发表 SCI 论文数据的互信息关系计量表达

单位：mbit

年份	T（UG）	T（IG）	T（UI）	T（UF）	T（IF）	T（GF）	T（UIG）	T（UGF）	T（UIF）	T（GIF）	T（UIGF）
2005	93.05	0.04	0.22	20.45	2.37	0.07	-1.07	-3.24	-0.61	-0.01	108.49
2006	81.91	0.00	0.29	21.96	1.58	0.30	-0.60	-1.82	-0.75	-0.01	101.54
2007	66.39	0.06	0.21	19.45	1.98	0.07	-0.38	-1.99	-0.65	-0.02	99.62
2008	55.28	0.00	0.17	15.99	1.96	0.08	-0.36	-1.41	-0.83	-0.01	109.46
2009	44.17	0.00	0.49	14.60	2.34	0.00	-0.51	-2.04	-0.82	-0.02	107.63
2010	37.98	0.04	0.26	14.56	2.40	0.00	-0.36	-2.02	-0.58	-0.01	106.18
2011	34.13	0.04	0.25	16.25	2.08	0.01	-0.60	-1.66	-0.77	-0.07	94.78
2012	32.44	0.08	0.15	14.11	2.30	0.01	-0.31	-1.61	-0.68	-0.05	99.35
2013	22.76	0.16	0.18	15.48	2.48	0.00	-0.36	-1.54	-0.70	-0.02	99.35
2014	16.69	0.11	0.22	11.64	2.34	0.00	-0.17	-1.69	-0.58	0.00	108.87

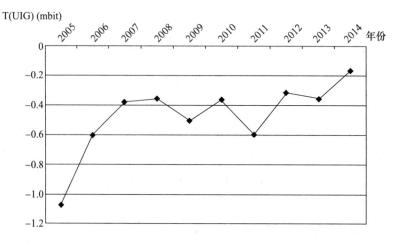

图 6 - 3　中国国内官产学研三维互信息

图 6-4 反映了中国大学、企业和政府分别参与国际合作的特点与变化趋势。在二维国际合作关系中，大学与国外机构合作开展得最为深入；企业与国外机构合作次之，但大大减少；政府与国外机构合作最少。究其原因，第一，知识经济时代，大学是新知识、新技术的来源地，在创新中扮演了突出的角色，尤其是在基础研究领域，在与国外的创新主体开展合作时非常活跃，通过参与重大国际项目、参加国际学术会议、引进国际化人才等形式开展合作，并将合作创新成果以论文形式表现出来。第二，追求利润是企业的根本目的，而科技创新是提高企业利润的重要途径，因此，企业会积极通过各种方式开展科技创新活动。但企业希望尽快将科技创新的成果转化为经济效益，创新往往发生在技术应用领域，对于基础领域的研究不够重视，成果大多表现为专利、新产品数量等，而 SCI 论文更多的是基础领域研究的成果，因此，企业参与国际合作的 SCI 论文相对较少。

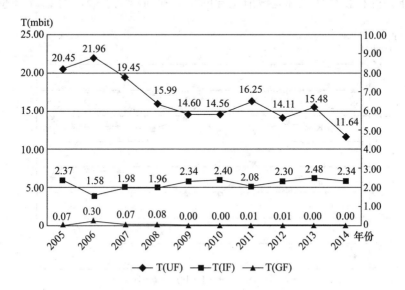

图 6-4　中国官产学研国际合作二维互信息

　　注意到在二维合作中，大学—国外机构［T(UF)］和企业—国外机构［T(GF)］的合作趋势相反。这是由于两种合作有相互竞争与替代作用，国外机构在与中国大学进行合作过程中使中国企业错失了与其合作的机会，特定时期的合作总量确定后会出现以上替代效应。从发展趋势来看，2006年以后，企业—国外机构［T(IF)］的合作逐年增强，而大学—国外机构［T(UF)］和政府—国外机构［T(GF)］的合作逐渐减弱，这说明随着市场经济的不断推进和政府工作职能的转变，政府越来越退出市场，让位于企业，使企业在国际合作中的主体地位逐渐增强。

　　图6-5显示了三维国际合作的发展态势。如前所述，三维互信息的值越小表明系统整体的自组织性越强，即三方合作关系越发紧密。总体来看，三维国际合作的互信息都为负值，说明三方国际合作关系较为稳定。具体来看，大学、政府和国外机构三方合作的互信息值［T(UGF)］最小，即这三方的关系是最密切的，主要是由于国际科技合作往往是政府主导的重大和前沿的科技项目，政府通

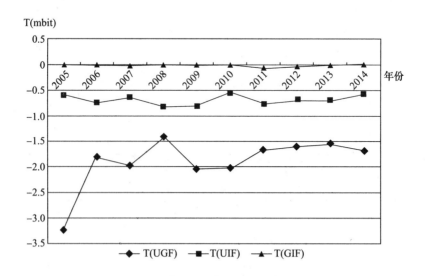

图6-5　中国官产学研国际合作三维互信息

过搭建合作平台、优化配置国际科技合作资源等形式来参与合作，如国际空间站计划、欧洲原子能研究中心等；而大学是区域创新活动的主体，主要从事基础性研究，拥有高端国际化的人才优势，易于与政府联合参与国际科技合作。而政府、企业和国外机构三方合作 [T(GIF)] 互信息的值接近于 0，说明三方合作的关系较为松散，长效合作机制尚未形成。

从发展态势来看，2009 年以后，三维互信息的值趋于增大，即三方主体所组成系统的自组织性降低，三方关系趋于松散。其主要原因是在中国加入世界贸易组织过渡期后，国际对华贸易摩擦日益增多，中国卷入的世界贸易组织争端比加入世界贸易组织初期骤然增长。[①] 特别是 2008 年国际金融危机全面爆发后，贸易保护主义在全球范围内迅速蔓延。2008 年，我国遭遇的贸易救济措施达到了108 起，2009 年更是达到了空前的 127 起。[②] 其中，知识产权贸易摩擦是我国与发达国家的长期摩擦地带。随着近年来我国自主创新政策的出台与实施，知识产权领域的贸易摩擦更加突出。因此，近几年中国参与国际科技合作的积极性受到影响，与国外机构的关系趋于松散。

通过图 6-6 可以看出，近十年大学、企业、政府和国外机构四维合作互信息的变化趋势呈"W"形，说明四方的合作关系还不稳定，浮动较大。2011 年以后，四维合作互信息的值 [T(UIGF)] 有上升的趋势，说明系统整体自组织性减弱，即四方合作主体的关系趋于松散，这主要是由于随着市场经济和知识经济的不断深入，协同创新中的各方主体在参与国际合作过程中忽视了与国内其他机构的协同。特别是涉及国家安全、军事、基础等领域的研究更需要中国大学、企业和政府共同与国外机构进行合作，比如，中国的高铁

---

① 彭龙、邱怡：《限制资源出口的动态博弈和应对策略》，《北京邮电大学学报》（社会科学版）2012 年第 2 期。

② 毛燕琼：《加入 WTO 十年国际对华贸易摩擦回顾与展望》，《世界经济研究》2011 年第 11 期。

项目由政府牵头，企业和大学联合攻关，最终掌握了国际领先的核心技术，并将技术和项目输出到其他国家，已经取得了显著的经济效益。因此，面对复杂多变的国际形势，中国的大学、企业和政府应联合起来共同参与国际合作，从而提高在激烈的国际竞争中的话语权和竞争力。

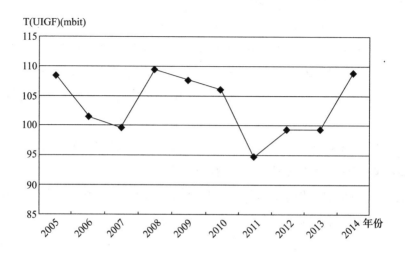

图 6-6　中国官产学国内国际合作四维互信息

第四节　结论与对策建议

以 2005—2014 年中国作者发表的 SCI 论文数据为基础，运用三螺旋定量算法，对政府、企业、大学和国外机构之间开展的科技合作进行了定性与定量分析，得出以下结论：

第一，中国大学、企业、政府和国外机构的四维合作互信息〔T（UIGF）〕变化浮动较大。近三年，在协同创新中的互动关系有趋于松散的趋势，表明四方的合作关系还不稳定，三螺旋国际合作体系尚未形成，需要中国的大学、企业和政府联合起来共同参与国际合作来提高三螺旋创新系统的协同性和国际化程度。

　　第二，从参与国际合作的主体来看，大学参与的程度最高，政府次之，企业最低。说明大学拥有技术与人才优势，具有较高的国际视野。另外，我们注意到大学的评价机制过于重视 SCI 论文发表等量化指标，很多大学教师为了职称评定、基金申报与国外机构合作发表 SCI 论文，而忽视了与企业的合作，其研究真正产生了多大价值是值得商榷的。而企业作为科技成果运用与实现的主战场、成果实现方和国际官产学研合作的主体在参与国际合作的过程中能够产生更多的价值，但却由于中国企业对基础领域的研究重视不够，对国际科技合作投入不足，企业科技创新能力较弱而导致合作关系较为松散，因此，产业部门不够活跃成为制约中国三螺旋国际化发展的重要因素。

　　第三，开展国际官产学合作的发展态势来看，2009 年以后，占主导地位的合作有不同程度下降的趋势。这主要是由于近几年中国遭遇的国际贸易摩擦大幅增加，各方创新主体参与国际事务的积极性受到影响，从而抑制了中国官产学研国际合作的发展。

　　针对上述结论，提出以下对策建议：

　　第一，注重对科学研究进行多方位的评价与监督。在科研评价中，大学和研究机构应弱化对论文发表数量的量化指标绩效，并将技术转移合同金额、资金利用效率、产出的科研成果质量、研究者与国外的合作交流以及同行评价等方面结合起来，进行多方位的考察。[①]

　　第二，强化中国企业在科技创新中的主体地位。政府可以通过政策支持等手段来提高企业的科技创新能力，逐步建立以企业为应用型研发主体、政府承担公益研究和战略储备技术开发、大学从事基础研究的协调发展的三螺旋模型。有较强国际竞争力的企业应通过建立海外研发中心、合资、参股、并购等方式有效利用海外科技

---

　　① 许侃、聂鸣：《互信息视角下的大学—产业—政府三螺旋关系：中韩比较研究》，《情报杂志》2013 年第 4 期。

资源，增强在基础科学和前沿高技术领域的技术储备，加快国外先进技术的消化、吸收、再创新；企业研发机构通过人才引进、人员交流、合作研发、研发外包等方式提高国际化程度。

第三，中国官产学研各方应通过联合与国外机构合作的方式来缓解贸易摩擦，提高合作的紧密程度与创新效率。一方面，加强引导中国的大学、企业和政府共同与国外机构开展协同创新，可以借助于中国强大的综合国力和政府的力量，在处理合作争端和贸易摩擦时处于有利地位，从而保障三螺旋国际合作的顺利开展以及中国机构的合理利益。另一方面，通过增加对外直接投资和推行国家技术标准化来缓解贸易摩擦。对外直接投资能够在充分利用国际资源，降低生产成本，赚取国际利润的同时有效规避贸易摩擦；① 国家技术标准化发展战略可以应对技术性贸易壁垒，完善我国产品认证制度，与国外权威认证机构建立互认机制。创建或加入国际技术标准和技术联盟，在国际标准制定中做出实质性表决，提高中国在国际科技组织中的影响力和话语权。

---

① 蔡濛萌、郑舒丹：《对外直接投资缓解贸易摩擦效果的中日比较研究》，《统计与决策》2013 年第 7 期。

第七章　高技术产业官产学研协同创新效率及其影响因素实证研究

通过前几章的研究，能够揭示出中国三螺旋各方主体在协同创新中的基本表现、合作的紧密程度以及创新资源的整合情况。可以发现，中国的官产学研三螺旋关系趋于紧密，协同创新体系逐步建立，然而，合作关系的紧密并不意味着合作质量与合作效率的提高，创新产出的增加也不意味着创新效率与核心竞争力的提高。在当前中国创新资源匮乏的情境下，资源整合能力与协同创新效率成为区域核心竞争力的集中体现[①]，因此，合理评价官产学研协同创新效率，揭示影响创新效率的关键因素，探寻三螺旋紧密程度与协同创新效率之间的关系，对于提高协同创新质量、促进三螺旋创新系统的提升与演化、推动经济社会可持续发展具有重要的现实意义。

国内外学者对于产学研协同创新效率的研究不断深入，但学者往往只考察企业与大学或研究机构两者之间的合作，对大学、企业和政府三方的合作效率关注较少。然而，随着国际竞争的加剧和后危机时代企业运作的艰辛，需要政府施以援手，市场经济条件下政府的职能需要调整，政府在协同创新中的作用日益显著。[②] 三螺旋理论认为，政府、企业和大学的交叠是创新系统的核心，三方互

---

① Choi, S., "Core – Periphery, New Clusters, or Rising Stars: International Scientific Collaboration Among 'Advanced' Countries in the Era of Globalization", *Scientometrics*, Vol. 90, No. 1, 2012, pp. 25 – 41.

② 庄涛、吴洪:《基于互信息的官产学研三螺旋国际合作测度研究》,《情报杂志》2013 年第 12 期。

动，使知识转化为生产力，推动创新螺旋不断上升。因此，本书运用三螺旋理论着重考察大学、企业和政府三者之间的协同创新效率及其影响因素。另外，已有国内文献多以各个省份为考察对象对协同创新效率进行横向比较，然而，随着信息技术的发展，跨区域的技术交流与合作日益增多，官产学研合作的区域化特征逐步弱化，行业特征日益凸显。因此，从行业层面剖析官产学研创新效率具有更加重要的现实意义。

作为知识密集、技术密集的高技术产业已成为区域经济最富有活力的增长点，它表征着一个国家的综合国力和整体竞争力，其在市场上的竞争力很大程度上受技术创新的影响。[1] 官产学研协同创新是高技术产业实现技术突破的一条重要途径。近年来，高技术产业官产学研协同创新在资金、人力、政策等方面的投入大幅度增加。然而，大规模的投入是否带来了相应产出？高技术产业官产学研协同创新效率在时间和行业分布上有什么差异？影响创新效率的因素又是什么？本章通过探求中国高技术产业官产学研合作创新效率的行业特征和发展态势，找到影响创新效率的显著因素。应用高技术产业1998—2012年的行业面板数据，在合理选取投入产出指标的基础上，基于DEA方法测度不同行业的官产学研协同创新效率，并运用Tobit回归方法，从三螺旋视角分析官产学研协同创新效率的影响因素，并给出提高创新效率的政策建议。[2]

第一节　理论假设

官产学研协同创新效率受到多个因素的影响，从三螺旋角度

---

[1] 封伟毅、李建华、赵树宽：《技术创新对高技术产业竞争力的影响——基于中国1995—2010年数据的实证分析》，《中国软科学》2012年第9期。
[2] 邹波、郭峰、王晓红、张巍：《三螺旋协同创新的机制与路径》，《自然辩证法研究》2013年第7期。

考察高技术产业行业协同创新效率的影响因素，三螺旋理论认为，大学、企业和政府三个领域重叠形成的三螺旋结构成为区域、国家及跨国创新系统的核心（而非外围）①，因此，从参与主体的角度研究创新绩效的影响因素，选择企业技术吸收能力、大学参与程度、政府 R&D 投入和大学—企业—政府三方合作紧密程度四项指标作为影响官产学研协同创新效率的因素，试图从以下几个方面提出假设。

一　企业技术吸收能力对协同创新效率的影响

企业技术吸收能力是指企业识别、获取、转化和应用外部新知识的能力。企业能否有效地利用大学、研究机构、政府等提供的科技资源，实现与企业内部研发的有效结合，主要依赖于企业的技术吸收能力。由于知识可分为默会知识和编码知识，编码知识相对容易在机构间扩散和流动，而默会知识属于难以被编码化的隐性知识②，需要企业有强大的技术吸收能力才能够将默会知识消化、吸收并与企业内部知识融合，从而实现知识的转移与转化。Kodama（2008）证明企业的技术吸收能力越强，越有利于增强合作研发或外部技术获取的有效性，进而提高科技合作创新的绩效。③ 樊霞等（2012）通过对中国企业的研究也发现企业吸收能力对产学研合作创新绩效的提升有促进作用。④ 因此，企业的技术吸收能力越强，越能够吸收来自大学、政府等机构的各类创新资源，并实现资源整合与有效利用，从而提高创新效率。本书采用企业科技人员占从业人员的比重来表示企业技术吸收能力，并提出以下研究假设：

---

① 亨利·埃茨科威茨：《创业型大学与创新的三螺旋模型》，王平聚、李平译，《科学学研究》2009 年第 4 期。

② 陈光华、王烨、杨国梁：《地理距离阻碍跨区域产学研合作绩效了吗?》，《科学学研究》2015 年第 1 期。

③ Kodama, T., "The Role of Intermediation and Absorptive Capacity in Facilitating University – Industry Linkages – An Empirical Study of Tama in Japan", *Research Policy*, Vol. 37, No. 8, 2008, pp. 1224 – 1240.

④ 樊霞、赵丹萍、何悦：《企业产学研合作的创新效率及其影响因素研究》，《科研管理》2012 年第 2 期。

H7－1：企业技术吸收能力与官产学研协同创新效率正相关。

二　大学参与程度对协同创新效率的影响

知识经济时代，大学拥有科技和人才优势，是新知识、新技术的来源地，在创新中扮演了突出的角色。在将知识转化为生产力的过程中，需要大学与企业的合作来实现科技成果转化。大学在参与创新的过程中能够快速将知识、技术和人才资源输送给企业，加速了技术的转移与应用，从而推动知识资本化和提高创新效率。萨洛蒙（Salomon，2008）发现，大学与企业的合作促进了科技成果转化与创新效率的提高。[1] 肖丁丁和朱桂龙（2013）认为，大学与企业的合作关系影响协同创新网络的构建与发展，通过实证研究证明，企业对大学的技术依存度对协同创新效率有显著的促进作用。[2] 因此，大学在科技合作中参与的程度越高，意味着大学和企业的合作关系越紧密，进而官产学研协同创新效率就越高。本书以大学参与的发明专利数量占发明专利总数的比重来表示大学参与程度，并提出以下假设：

H7－2：大学参与程度与官产学研协同创新效率正相关。

三　政府 R&D 投入对协同创新效率的影响

由于 R&D 活动具有公共产品属性，企业的 R&D 活动存在市场失灵，而政府作为一种非市场力量，在企业的 R&D 活动中有着关键的作用，可以对"市场失灵"进行弥补，对企业技术创新加以引导。[3] 政府不仅可以通过出台相应政策来支持和引导企业与大学及研究机构进行合作，还可以从资金与税收政策方面对协同创新进行直接的推动和支持。特别是在基础研究、高新技术、公共事业等高

---

① Salomon, R., Jin, B., "Does Knowledge Spill to Leaders or Laggards? Exploring Industry Heterogeneity in Learning by Exporting", *Journal of International Business Studies*, Vol. 39, No. 1, 2008, pp. 132－150.

② 肖丁丁、朱桂龙：《产学研合作创新效率及其影响因素的实证研究》，《科研管理》2013 年第 1 期。

③ 樊霞、赵丹萍、何悦：《企业产学研合作的创新效率及其影响因素研究》，《科研管理》2012 年第 2 期。

风险高投入的领域需要政府的直接投入与资金扶持，如能够得到政府的合理引导与充足的资金支持，经过一定的周期后，这些领域的创新成果将会大量涌现，并带动相关领域实现协同创新，从而推动经济社会的可持续发展。陈光华等（2014）发现，政府资助对科技创新效率有较为显著的促进作用，政府通过杠杆效应可以较少的资金和政策投入，撬动了企业和社会的大量投入，取得了良好的效益。① 本书以政府对行业 R&D 的资金投入占行业 R&D 总投入的比重来测度政府 R&D 投入。并提出如下假设：

H7 - 3：政府 R&D 投入与官产学研协同创新效率正相关。

四　大学—企业—政府三方合作紧密程度对协同创新效率的影响

三螺旋理论的核心意义在于将具有不同价值体系和功能的大学、企业和政府融为一体，形成知识领域、产业领域和行政领域的三力合一，通过增强三者之间的有效互动来实现创新系统的不断演化和提升，从而促进经济社会的可持续发展。大学、企业和政府在协同创新过程中通过资源的共享、扩散与有效配置来提高资源使用效率，从而实现资源的有效整合与协同创新效率的提高。邹波等（2013）认为，各创新主体通过相互间的资源融合与利益共享来推动协同创新的开展，为创新效率的提高奠定了组织基础。② 因此，三者之间的互动关系越紧密，就越有益于创新活动的产生以及创新绩效的提高。本书以大学、企业和政府中两方或三方合作申请的专利数占专利总量的比重来表示合作紧密程度，并提出以下假设：

H7 - 4：大学—企业—政府三方合作紧密程度与官产学研协同创新效率正相关。

---

① 陈光华、王建冬等：《产学研合作创新效率分析及其影响因素研究》，《科学管理研究》2014 年第 2 期。

② 邹波、郭峰、王晓红、张巍：《三螺旋协同创新的机制与路径》，《自然辩证法研究》2013 年第 7 期。

第二节　研究方法与变量选择

一　DEA – Tobit 两步法

数据包络分析方法（Data Envelopment Analysis，DEA）是一种利用多项投入和多项产出指标，通过线性规划方法，对具有可比性的同类单元进行相对有效性评价的非参数分析方法。它是由美国运筹学家查尼斯和库珀（A. Chanes and W. W. Cooper）于 1978 年提出，目前广泛应用于经济、管理、金融等多个领域，具有综合解决决策单元（DMU）多投入、多产出问题的优势。由于 DEA 方法不需要确定投入与产出变量之间的函数关系，因此，避免了函数选择不当等主观因素的影响。DEA 方法通过对帕累托有效的生产前沿面的计量，有效地避免了其他计量模型中对于变量平均状态的评价，从而使这种计量分析更为理性。官产学研协同创新是一种典型的多投入、多产出的科技创新活动，DEA 方法为官产学研协同创新效率评价提供了良好的方法支撑。目前，应用最广泛的 DEA 模型包括固定规模报酬的 CCR 模型和可变规模报酬的 BCC 模型，由于官产学研协同创新呈现出了可变规模报酬的特点，因此，采用投入导向规模报酬可变的 BCC 模型对协同创新投入产出的效率值进行测算。

BCC 模型认为，在没有达到所有的决策单元都处于最优状态的条件下，可以将综合技术效率（Technical Efficiency，TE）分解为纯技术效率（Pure Technical Efficiency，PTE）和规模效率（Scale Efficiency，SE），分别表示造成技术无效率的原因包括来自生产技术上的无效率，以及 DMU 未处于最优规模的无效率。[①] 由于固定规模报酬 CCR 模型测算所得到的综合技术效率包含纯技术效率和规模效率

---

① 罗彦如、冉茂盛、黄凌云：《中国区域技术创新效率实证研究——三阶段 DEA 模型的应用》，《科技进步与对策》2010 年第 14 期。

两方面的内容，而可变规模报酬 BCC 模型所衡量的是纯技术效率水平，因此，可以得到三种效率之间的关系：TE = PTE × SE。

在 BBC 模型中，假定有 n 个决策单元（DMU），每个 DMU 有 m 种投入和 s 种产出，其数学模型可表示如下：

$$\min\theta_k$$

$$\text{s. t. } \sum_{j=1}^{n} \lambda_j x_{ij} \leqslant \theta_k x_{ik}, \ i = 1, \ 2, \ \cdots, \ m, \ \lambda_i = 1, \ 2, \ \cdots, \ n$$

$$\sum_{j=1}^{n} \lambda_j y_{rj} \geqslant \theta_k y_{rk}, \ r = 1, \ 2, \ \cdots, \ s \qquad (7-1)$$

$$\sum_{i=1}^{n} \lambda_i = 1, \ \lambda_i \geqslant 0, \ j = 1, \ 2, \ \cdots, \ n$$

式中，x_{ij} 为第 j 个 DMU 的第 i 种投入，y_{rj} 为第 j 个 DMU 的第 r 种产出，θ 为纯技术效率（PTE），$0 \leqslant \theta \leqslant 1$，越接近 1 表示其纯技术效率越高。将约束条件 $\sum_{i=1}^{n} \lambda_i = 1$ 去掉，即为 CCR 模型，运用 CCR 模型可以求得综合技术效率（TE），利用关系式 TE = PTE × SE 可求得规模效率（SE）。

为进一步研究官产学研协同创新效率的影响因素，以官产学研协同创新效率作为因变量，以协同创新效率的影响因素作为自变量建立回归模型。由于 DEA 模型测算出来的效率都处于 0—1 之间，如果直接采用普通最小二乘法，会给参数估计带来严重的有偏和不一致。[①] 为解决这一问题，托宾（Tobin）于 1958 年提出截取回归模型，又称 Tobit 模型。Tobit 模型是因变量受限模型的一种，当因变量为切割值或片段值时采用，模型如下：

$$Y_i = \begin{cases} X_i\beta + \varepsilon_i, \ if \ \ X_i\beta + \varepsilon_i > 0 \\ 0, \ if \ \ X_i\beta + \varepsilon_i < 0 \end{cases} \qquad (7-2)$$

式中，Y_i 为因变量，表示第 i 个行业官产学研协同创新效率；X_i 为自变量，表示官产学研协同创新效率的影响因素；β 表示相关

---

① 涂俊、吴贵生：《基于 DEA‐Tobit 两步法的区域农业创新系统评价及分析》，《数量经济技术经济研究》2006 年第 4 期。

系数；ε_i 表示误差项且 $\varepsilon_i \sim N(0,\sigma)$。

为深入探讨影响官产学研协同创新效率的因素，分别就综合效率、纯技术效率和规模效率建立三个多元线性回归模型：

$$crs = \alpha_0 + \alpha_1 ind_{it} + \alpha_2 uni_{it} + \alpha_3 gov_{it} + \alpha_4 coo_{it} + \varepsilon_i \qquad (7-3)$$

$$vrs = \beta_0 + \beta_1 ind_{it} + \beta_2 uni_{it} + \beta_3 gov_{it} + \beta_4 coo_{it} + \varepsilon_i \qquad (7-4)$$

$$sca = \gamma_0 + \gamma_1 ind_{it} + \gamma_2 uni_{it} + \gamma_3 gov_{it} + \gamma_4 coo_{it} + \varepsilon_i \qquad (7-5)$$

式中，crs、vrs、sca 分别表示官产学研协同创新的综合效率、纯技术效率和规模效率值，ind_{it}、uni_{it}、gov_{it}、coo_{it} 分别表示第 i 个行业第 t 年的企业技术吸收能力、大学参与程度、政府 R&D 投入和三方合作紧密程度，α、β、γ 为回归系数，ε_i 表示误差项。

二　指标体系

通过 DEA 模型的原理和构成可以看出，投入产出指标的选择是决定创新效率评价的关键。本书参考国内外关于科技创新指标体系构建的相关文献[1][2]，选择能够反映官产学研协同创新效率的指标。官产学研协同创新投入要素主要包括人才和资金等方面的投入，因此，本书选择 R&D 人员全时当量、R&D 经费内部支出和新产品开发经费支出三个指标来衡量协同创新投入。

产出指标需满足各参与方的需求。企业主要追求经济效益的产出，一方面新产品销售收入指标能够反映出企业创新能力和创新成果转化能力；另一方面企业通过申请专利的方式来保护原始性创新，保证其利润的最大化。大学和研究机构主要追求科技成果产出，专利信息包含着新思想和新技术的标准化信息，是社会技术进步和创新活动的重要输出指标，也是一个区域乃至一个国家创新能力的标志，因此，将三类专利申请量和发明专利申请量作为产出指标。具体指标见表 7-1。

---

① 车维汉、张琳：《上海市产学研合作效率评价——基于分行业数据的 DEA 分析》，《科技进步与对策》2010 年第 3 期。

② 樊霞、赵丹萍、何悦：《企业产学研合作的创新效率及其影响因素研究》，《科研管理》2012 年第 2 期。

表 7-1　　　　　　官产学研协同创新投入产出指标

投入指标	产出指标
R&D 人员全时当量	三类专利申请总量
R&D 经费内部支出	发明专利申请量
新产品开发经费支出	新产品销售收入

三　数据来源

本书收集了 1998—2012 年中国高技术产业五个行业的面板数据，数据来自《中国科技统计年鉴》《中国高技术产业统计年鉴》和中国国家知识产权局专利检索数据库。因为投入指标与产出指标有一定的时滞，所以，本书设定时滞为两年。[1][2]

第三节　实证分析结果与讨论

一　DEA 模型结果分析

将上述统计数据代入前文中的 DEA 模型，应用 DEAP 2.1 软件进行求解。得到近十五年高技术产业五个行业的协同创新效率，并着重考察三种效率值在时间维度上的变化趋势以及综合技术效率的行业差异。

图 7-1 描述了中国高技术产业 1998—2012 年官产学研协同创新三种效率的变化趋势。可以发现，三种效率整体偏低，其中，平均综合技术效率为 0.527，平均纯技术效率为 0.774，平均规模效率为 0.677，除 2012 年的纯技术效率外，其他观测点的效率均小于 1。这意味着我国官产学研协同创新效率较低，创新资源没有实现有效配置。从发展趋势来看，三种技术效率总体呈缓慢上升趋势，说明

---

[1]　白俊红、江可申、李婧、李佳：《区域创新效率的环境影响因素分析——基于 DEA-Tobit 两步法的实证检验》，《研究与发展管理》2009 年第 2 期。

[2]　张学文、陈劲：《面向创新型国家的产学研协同创新：知识边界与路径研究》，经济科学出版社 2014 年版。

近几年高技术产业科技投入产出配置趋于合理；其中，纯技术效率上升较快，这反映出在官产学研协同创新规模不变的前提下管理和技术水平有了较快提升。[①] 2004 年以后，纯技术效率高于规模效率，说明近几年造成创新效率偏低的主要原因是投入的科技资源没有产生相应规模的产出。2010 年，综合技术效率和纯技术效率都有一定幅度的下降，主要是由于受到 2008 年国际金融危机影响，企业在市场上业绩下滑，科技投入没能有效地转化为效益。

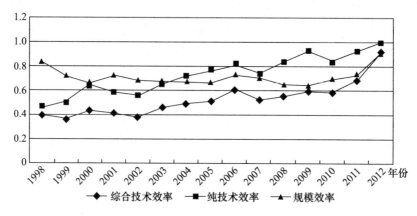

图 7 - 1　1998—2012 年中国高技术产业协同创新效率

从各个行业来看，计算机领域的综合效率最高，有 8 个年份达到 1，平均综合技术效率达到了 0.911（见图 7 - 2），说明这一行业创新效率较高，大部分年份投入产出处于有效的前沿面上，主要是由于这一领域内技术发展迅速，产品生命周期短、附加值高，科技投入能够在较短的时间内转化为产出，为企业带来效益。医疗设备领域效率较高，但各年份间差异较大，说明这一行业的协同创新效率不稳定，受外界政策、环境因素影响较大；医药和电子通信领域效率居中，最近三年快速提升，意味着大学、企业和政府的合作提

---

① 叶文辉、郭唐兵：《我国农田水利运营效率的实证研究——基于 2003—2010 年省际面板数据的 DEA - TOBIT 两阶段法》，《山西财经大学学报》2014 年第 2 期。

高了资源配置与创新效率；航空航天领域创新效率最低，一直保持在0.2上下，近三年来有缓慢上升的趋势，主要原因是这一领域以基础性重大研究为主，项目投资大、周期长，大量资金和人才的投入增加了各方创新资源有效配置的难度，造成了创新效率的降低。

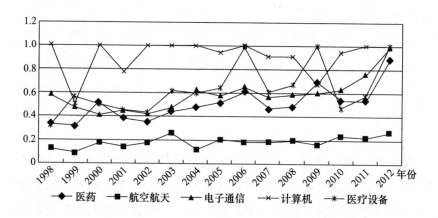

图7-2 1998—2012年中国高技术产业各行业协同创新综合技术效率

二 Tobit 模型结果分析

DEA 模型能够有效地衡量出创新投入产出的配置效率，但不能看出是哪些因素影响了配置效率的高低。通过 DEA 模型得到的效率，除受投入、产出指标影响外，还受到其他环境因素的影响。Tobit 模型可以有效地弥补 DEA 模型在影响效率外在原因分析方面的不足。将 DEA 模型计算出的 1998—2012 年高技术产业各行业官产学研协同创新综合效率、纯技术效率、规模效率分别作为因变量，以企业技术吸收能力、大学参与程度、政府 R&D 投入以及官产学合作紧密程度作为自变量，运用随机效应面板 Tobit 模型进行影响因素的回归分析，结果如表7-2所示。

结果显示，企业技术吸收能力对官产学研协同创新综合效率、纯技术效率、规模效率都有显著的正向影响，验证了 H7-1。说明企业技术吸收能力不仅体现了企业通过协同创新所能获取外部知识

表 7 - 2　　　官产学研协同创新效率影响因素 Tobit 回归结果

影响因素	综合效率（模型1）	纯技术效率（模型2）	规模效率（模型3）
企业技术吸收能力	2.838 *** （2.59）	1.888 * （1.24）	2.242 *** （1.58）
大学参与程度	0.0314 （0.07）	0.3336 * （0.82）	0.2108 （0.65）
政府 R&D 投入	- 0.568 *** （ - 2.58）	- 0.585 *** （ - 2.95）	0.0778 * （0.33）
官产学合作紧密程度	0.1477 ** （1.13）	0.1082 *** （0.92）	0.0420 * （0.43）
常数项	0.5491 *** （4.55）	0.7932 *** （6.91）	0.7083 *** （7.63）

注: *、** 和 *** 分别表示在 10%、5% 和 1% 的水平上显著；括号内为 Z 值；本表的结果由 Statall 计算得出。

与技术的广度与深度，也决定着协同创新的投入产出效率。大学参与程度与协同创新纯技术效率有显著的正相关关系，而对综合效率和规模效率的影响不显著。说明大学的参与促进了协同创新效率的提高，特别是在基础领域研究、重大课题研究方面需要发挥大学的技术与人才优势来提高科技创新效率，而由于大学的优势主要体现在知识的创造和科技前沿领域，因此，对于创新系统中规模效应的作用不明显。政府 R&D 投入对产学研合作规模效率的影响显著为正，而对综合效率和纯技术效率的影响显著为负。究其原因，我们认为，政府 R&D 投入通常会倾向于具有一定知识积累和创新能力较强的企业，具有信号导向作用，在研发初期带来了一定的规模效率。然而，随着政府投入和行政干预的增加，可能会产生挤出效应，引起企业、大学的投入被挤出，而由于是政府投入而非自有资金，资金的运用效率和科研经费管理水平都欠佳，导致了技术效率的降低。大学、企业和政府三方合作紧密程度对官产学研协同创新综合效率、纯技术效率和规模效率的影响都显著为正，验证了 H7 - 4。说明三方关系越紧密，就越有益于协同创新效率的提升，三方在协同创新过程中通过有效互动与资源的合理整合来提高创新效率，这也进一步验证了三螺旋理论适合当前的中国国情。

第四节　结论与对策建议

本书运用 DEA – Tobit 两步法，对中国高技术产业不同行业的官产学研协同创新效率及其影响因素进行了实证研究。研究发现，中国高技术产业官产学研协同创新效率总体不高，呈缓慢上升趋势，仍有较大的提升空间。计算机领域创新效率相对较高，而航空航天领域创新效率最低。企业技术吸收能力、大学—企业—政府三方合作紧密程度对官产学研协同三种效率都有显著促进作用，大学参与程度仅对纯技术效率有促进作用。政府 R&D 投入与规模效率存在正相关关系，而与综合效率和纯技术效率存在负相关关系。根据以上结论，为了切实提高中国高技术产业官产学研协同创新效率，从企业、大学和政府三方面提出以下对策建议：

第一，强化企业在科技创新中的主体地位，企业的科技投入对于提升科技成果产出具有重要作用。企业应建立完善的学习机制，通过吸引高科技人才、增加 R&D 资金投入等方式来增强企业在协同创新中获取、转化、吸收新知识和新技术的能力。同时，应加强与大学和政府的合作，充分利用大学的人才优势和政府的政策优势，实现科学研究与技术创新的有效融合，提高科技创新效率。

第二，鼓励大学与企业开展深层次的合作。在对大学的科技评价中，应弱化对论文发表数量和申请项目资金的量化指标，并将技术转移合同金额、资金利用效率、为企业创造的经济效益等方面结合起来，进行全面考察，从而激发大学参与协同创新的积极性，进而提高科技成果转化率与协同创新效率。

第三，政府在科技创新中的作用应着重于前向引导与政策保障，转变政府参与官产学研协同创新的形式。政府参与协同创新的形式可由对合作项目的直接资金投入转为对完善产学研联盟及平台建设、优化创新要素环境、降低合作成本、购买公共服务、完善机制体制建设等方面的持续投入，通过政府较少的资金，带动企业和社会大量的科技投入，这些措施对企业技术吸收能力的提升也起到了促进作用。政府的作用应定位于制度创新、平衡和政策保障，通过财政和税收等手段鼓励企业与大学和政府开展科技合作，逐步建立以企业为研发主体、政府承担公益研究和平台建设、大学从事基础研究的协调发展的三螺旋模型。充分发挥市场和政府在创新系统中的双引擎作用，两者互为补充，协调发展，共同促进创新系统的演化升级与创新效率的提高。

第八章　总结与展望

加强官产学研协同创新，体现了知识经济时代科技经济一体化的本质，是提高中国在国际上的创新竞争力和创新效率的重要途径，也是促进大学和政府服务产业、保障经济社会可持续快速发展的关键。本章归纳了本书的主要结论，并对新时期三螺旋理论的发展做了展望。

第一节　主要结论

本书通过对三螺旋理论、资源整合理论、国家创新体系理论和协同创新理论的深入研究，从资源整合视角对官产学研三螺旋关系进行重新解构与研究，建立起三螺旋动态整合机制模型，运用合作专利数据对中国的三螺旋关系与资源整合程度进行了实证研究，运用合作论文数据对中国三螺旋主体在国际科技合作中的表现进行了定量测度，最后对中国高技术产业协同创新效率及其影响因素进行了实证考察，得出以下结论：

第一，通过资源整合方式，加强三螺旋各方主体在协同创新中的互动关系、形成创新合力是实现科技进步、创新能力提升和促进经济社会可持续发展的有效途径。将三螺旋理论和资源整合理论整合到一个研究框架下，详细阐述三螺旋主体的资源优势和特征以及在创新过程中的角色互换，构建起三螺旋动态整合机制模型。并运用该模型分析三螺旋资源整合的动力机制和风险机制，揭示资源整合在官产学研协同创新中的重要作用，找出创新系统螺旋上升的内在动力。三螺旋主体在创新过程中的互动关系越密切、科技资源的扩散与流动越频繁，就越有利于创新活动的产生。

第二，运用三螺旋理论指导中国的创新实践有助于提升创新竞争力。由于三螺旋理论诞生于西方发达国家，直接将该理论应用于中国的创新实践可能会不适合中国的国情，因此，在深入剖析中国三螺旋创新主体的特征以及科技资源整合机制的发展历程的基础上，提出适合中国情境的三螺旋模型。该模型强调中国的大学应加快向创业型大学的转型，提高其知识资本化和技术产业化的能力；企业应主动加强与大学和政府的合作，通过协同创新来提高企业的核心竞争力；政府通过从"经济建设型政府"向"现代服务型政府"的转变来创造良好的协同创新环境，通过政府和市场的"双引擎"来整合创新资源，提高创新效率。将这一模型应用于中国的创新实践，必将全面提升中国的创新竞争力，促进经济社会的可持续发展。

第三，以中国所获专利数据为基础，通过三螺旋定量算法对政府、企业和大学之间合作紧密程度与资源整合程度的定量研究发现：中国较为稳定的官产学研协同创新体系初步形成，三螺旋协同创新关系日趋紧密；企业在创新中表现活跃，处于三螺旋的主导地位；企业和大学在创新中的关系最为密切，合作程度最深，政府参与创新的程度不高；从行业领域来看，电子电气和计算机通信领域所获专利数量最多，在创新中表现活跃，但官产学研协同关系相对松散。

第四，运用中国学者发表的 SCI 论文数据对三螺旋国际合作的实证研究表明：中国大学、企业、政府和国外创新机构四方协同创新的关系还不稳定，国际科技合作体系尚未形成；从参与国际合作的主体来看，大学参与的程度最高，政府次之，企业最低，说明大学拥有技术与人才优势，具有较高的国际视野，而企业作为科技成果运用与实现的主战场、成果实现方以及官产学研合作的主体在参与国际合作的过程中能够产生更多的价值，但却由于中国企业对基础领域的研究重视不够，对国际科技合作投入不足，科技创新能力较弱而导致合作关系较为松散，因此，产业部门不够活跃成为制约中国三螺旋国际化发展的重要因素；从国际官产学研协同创新的发展态势来看，2009年以后，占主导地位的合作有不同程度下降的趋势，这主要是由于近几年中国遭遇的国际贸易摩擦大幅增加，各方创新主体参与国际事务的积极性受到影响，从而抑制了三螺旋国际合作的发展。

第五，通过对中国高技术产业不同行业的官产学研协同创新效率及其影响因素的实证考察发现：中国高技术产业官产学研协同综合技术效率总体不高，呈缓慢上升趋势，仍有较大的提升空间；计算机领域创新效率相对较高，而航空航天领域创新效率最低；影响因素方面，企业技术吸收能力、大学—企业—政府三方合作紧密程度对官产学研协同三种效率值都有显著促进作用，大学参与程度仅对纯技术效率有促进作用；政府R&D投入与规模效率存在正相关关系，而与综合效率和纯技术效率存在负相关关系。

第二节 研究的局限性与未来发展展望

一 研究的局限性

尽管本书尝试解决的问题有一定的拓展性，从独特的研究视角提出了一些实用性的结论，但是，由于三螺旋理论只有20年的发展历程，理论体系还不完善。特别是对于发展中国家的研究才刚刚起步，可借鉴的成果较少。此外，由于笔者学识、经历和能力所限，本书中还有诸多的研究局限性，主要表现在以下三个方面：

（一）研究数据的局限性

本书所使用数据均来源于相关数据库和国家统计局公布的数据，以论文和专利数据为主，数据来源较为单一。对三螺旋协同创新体系的研究是一项复杂的系统工程，需要通过多维度、多类型的数据才能更为全面、准确地反映出问题的实质。因此，还需要通过更为广泛的数据收集，来增强本书结论的通用性和准确性。

（二）案例研究的局限性

本书只在理论研究中对中关村三螺旋关系的案例进行了定性分析，在实证研究中，没有结合具体的案例进行检验和论证，这主要是由于涉及商业机密，企业的相关数据难以获得。

（三）维度选取的局限性

本书选取时间序列、行业领域等维度对三螺旋关系及资源整合程度进行了分析和测定，并对协同创新效率进行了相应维度的划分，但依然忽视了与其他国家相关指标的横向比较以及中国各省份间三螺旋关系的差异研究，特别是没有对于不同经济体制下的三螺旋关系进行比较分析。因此，应对本书研究的关键问题进行更加细致缜密的维度划分，并结合系统动力理论、组织成长理论进行深入探讨，从而更为科学地反映出官产学研三螺旋关系。

二　未来研究展望

三螺旋理论作为创新研究的新范式，是一种相对理想的制度安排，能够为创新战略和政策的制定提供指导，也可以作为一个分析框架，解析知识经济社会中大学、企业和政府之间的关系。该理论经过 20 年的发展已较为成熟，相关理论和实证研究也较为深入和丰富。在当前知识经济不断深入、科技发展日新月异和国际竞争不断加剧的背景下，在创新过程中不断遇到新的问题，从而引发了新的创新思想和创新理论的不断涌现，三螺旋理论也有待从以下几个方面来完善、修正和拓展：

（一）向创新 3.0 时代演进

自从 20 世纪初熊彼特提出"创新"概念以来，创新范式已经历了线性范式（创新范式 1.0）和创新体系（创新范式 2.0），并即将进入到创新生态系统（创新范式 3.0）的时代。[①] 2013 年，《哈佛

---

① 李万、常静、王敏杰、朱学彦、金爱民：《创新 3.0 与创新生态系统》，《科学学研究》2014 年第 12 期。

商业评论》的《拥抱创新 3.0》总结了企业创新范式演进的特点，提出了企业创新模式的演化脉络：创新范式 1.0（封闭式创新）强调企业通过自建研发机构进行技术创新，创新动力主要来自市场需求；创新范式 2.0（开放式创新）广泛吸取企业外的资源，通过资源整合进行创新，强调大学、政府和企业在创新过程中的协同，三螺旋理论成为这一范式的重要理论支撑；创新范式 3.0（共生/生态式创新）更加强调共生的发展与创新生态系统的构建。

在创新范式 3.0 中，为进一步体现"共生"行为三螺旋理论也将被赋予新的含义。由于在创新实践过程中除大学、企业和政府以外的科技中介、金融机构、公众、私人、国外机构等创新主体发挥着越来越重要的作用，因此有的学者认为，可以在三螺旋模型中加入其他创新主体，将其扩展至四螺旋甚至 N 螺旋模型，在学术研讨和方法推导中，通过一步步地拓展模型以增强其解释力。[1] 但是否存在 N 螺旋一直存在着争议，如有的学者认为，用三螺旋解释创新系统再生产已足够复杂，其他创新机构可以作为三螺旋发展演化的条件。[2]

创新范式 3.0 的另一特征是创新生态系统的构建，创新生态系统以生物学隐喻来揭示创新系统，其基本要素是物种，包括企业、大学、政府、公众、中介、金融机构等，物种联结形成了各种群落，物种和群落在共生竞合的相互作用中通过物质、能量和信息的流动实现动态演化，并最终促进系统的整体演进。[3] 其核心思想是强调各创新主体之间、系统与环境之间在动态整合机制下的协同演

[1] Leydesdorff, Etzkowitz, "Can 'the Public' be Considered as a Fourth Helix in University - Industry - Government Relations? Report of the Fourth Triple Helix Conference", *Science and Public Policy*, Vol. 30, No. 1, 2003, pp. 55 - 61.

[2] Leydesdorff, Etzkowitz, "The Triple Helix - University - Industry - Government Relations: A Laboratory for Knowledge Based Economic Development", *Easst Review*, No. 14, 1995, pp. 14 - 19.

[3] 李万、常静、王敏杰、朱学彦、金爱民：《创新 3.0 与创新生态系统》，《科学学研究》2014 年第 12 期。

化，导致了创新生态系统具有协同开放性、自组织演化性和动态生长性的特征。① 其根本目标在于通过资源在创新要素间的最优配置，促进创新活动的持续发生，实现科技创新与社会创新的有机融合以及整个经济社会的高效发展。目前，对于创新范式 3.0 的研究才刚刚起步，今后的研究可以借鉴生态系统理论、自组织理论、复杂网络理论和演化经济学等，并结合中国的创新实践，进行全面而深入的研究。

（二）基于不同的背景条件对三螺旋模型进行分类研究

三螺旋理论诞生于西方发达国家，理论模型的构建和成功的实践案例也大多来自美洲和欧洲发达国家。近年来，新兴经济体及部分发展中国家科技与经济发展迅速，创新竞争力不断提升，成为国际科技创新领域的重要力量。如中国、印度、韩国、沙特、孟加拉国等国家也试图运用三螺旋理论来指导本国的创新实践，相较于发达国家，发展中国家的三螺旋关系有其特殊性。②③ 不同的国家、不同的时期，在政治、经济、文化、社会等各方面都有较大的背景条件差异，因此，应针对不同类型的国家和特定的时期，对三螺旋模型进行动态的修正和拓展，从而促进其各自三螺旋创新主体职能的充分发挥、角色的相互渗透以及资源在创新系统中的合理配置。④

（三）加强三螺旋实证方面的研究

三螺旋理论作为一个规范概念，为创新系统中协同关系的理论

---

① 曾国屏、苟尤钊、刘磊：《从"创新系统"到"创新生态系统"》，《科学学研究》2013 年第 1 期。

② Kodama, T., "The Role of Intermediation and Absorptive Capacity in Facilitating University – Industry Linkages – An Empirical study of TAMA in Japan", *Research Policy*, Vol. 37, No. 8, 2008, pp. 1224 – 1240.

③ Sirmon, David G., Hitt, Michael A., "Managing Resources: Linking Unique Resources, Management, and Wealth Creation in Family Firms", *Entrepreneurship Theory and Practice*, Vol. 27, No. 4, 2003, pp. 339 – 358.

④ Wang, Y. D., Huang, J. S., Chen, Y. T., Pan, X. F., Chen, J., "Have Chinese Universities Embraced Their Third Mission? New Insight From a Business Perspective", *Scientometrics*, Vol. 97, No. 2, 2013, pp. 207 – 222.

研究提供了重要支撑，虽然也有不少学者采用实证方法对创新系统中的三螺旋关系展开了研究，但是，无论是研究方法、数学模型还是数据收集都较为单一，大多是运用三螺旋算法对专利和论文数据进行定量分析。因此，有待通过加强有关三螺旋模型的实证研究来提高研究的科学性和全面性。

大数据时代的到来为三螺旋实证研究的丰富提供了基础和条件。伴随着云计算、物联网、社交网络等技术的发展，大数据时代已经到来。可供研究和使用的数据海量增加，各国政府不断完善和公开相关数据库，包括引文数据库、专利数据库、各类行业、地区统计数据等。除此之外，还应充分利用搜索引擎、社交网络以及传感网络等方法进行数据挖掘。并发展完善数据研究方法，运用社会网络法、数据库技术、可视化技术等对数据进行处理和分析，从而更加准确地对创新系统的状态进行识别，并预测创新政策的执行效果。

（四）基于"互联网＋"的协同创新平台研究

2015 年政府工作报告提出，实施"互联网＋"行动计划，推动移动互联网、云计算、大数据、物联网等与现代制造业深度融合发展。"互联网＋"在推动产业创新方式变革过程中，需要跨行业、跨组织机构、跨地域的协同创新。互联网突破了地域、组织、技术的界限，综合运用云计算、大数据、物联网等多种技术，整合了政府、企业、大学、研究机构、金融机构、科技中介等优势资源，形成跨领域、网络化的协同创新平台。这一平台不仅可以提供科技供求信息实现知识与技术供求资源的匹配，还可以对各类科技成果进行整合形成新的技术极，并开展跨行业、跨机构、跨区域的分布式协同研发。在此基础上，应用互联网思维、模式、路径来开展协同创新，实现互联网行业与现代制造业的密切融合，建立起协作互补、合作共赢的开放型协同创新生态体系。

参考文献

[1] 白俊红、江可申、李婧、李佳：《区域创新效率的环境影响因素分析——基于 DEA – Tobit 两步法的实证检验》，《研究与发展管理》2009 年第 2 期。

[2] 蔡莉、单标安、周立媛：《新创企业市场导向对绩效的影响——资源整合的中介作用》，《中国工业经济》2010 年第 11 期。

[3] 蔡莉、杨阳、单标安、任萍：《基于网络视角的新企业资源整合过程模型》，《吉林大学社会科学学报》2011 年第 3 期。

[4] 蔡莉、尹苗苗：《新创企业学习能力、资源整合方式对企业绩效的影响研究》，《管理世界》2009 年第 10 期。

[5] 蔡濛萌、郑舒丹：《对外直接投资缓解贸易摩擦效果的中日比较研究》，《统计与决策》2013 年第 7 期。

[6] 蔡翔、刘晓正：《SCI 视角的官产学创新合作关系测度研究》，《中国科技论坛》2012 年第 8 期。

[7] 蔡翔、刘晓正：《国家标准视角的官产学创新合作关系测度》，《华东经济管理》2012 年第 9 期。

[8] 蔡翔、刘晓正：《官产学创新模式测度》，《科技进步与对策》2013 年。

[9] 蔡袁强：《地方大学的使命：服务区域经济社会发展——以温州大学为例》，《教育研究》2012 年第 2 期。

[10] 曹勇、苏凤娇：《高技术产业技术创新投入对创新绩效影响的实证研究——基于全产业及其下属五大行业面板数据的比较

分析》,《科研管理》2012 年第 9 期。

[11] 曾国屏、苟尤钊、刘磊:《从"创新系统"到"创新生态系统"》,《科学学研究》2013 年第 1 期。

[12] 曾萍、李熙:《产学研合作研究综述:理论视角、合作模式与合作机制》,《科技管理研究》2014 年第 22 期。

[13] 车维汉、张琳:《上海市产学研合作效率评价——基于分行业数据的 DEA 分析》,《科技进步与对策》2010 年第 3 期。

[14] 陈光华、王建冬等:《产学研合作创新效率分析及其影响因素研究》,《科学管理研究》2014 年第 2 期。

[15] 陈光华、王烨、杨国梁:《地理距离阻碍跨区域产学研合作绩效了吗?》,《科学学研究》2015 年第 1 期。

[16] 陈红喜:《基于三螺旋理论的政产学研合作模式与机制研究》,《科技进步与对策》2009 年第 24 期。

[17] 陈劲、吴航、刘文澜:《中关村:未来全球第一的创新集群》,《科学学研究》2014 年第 1 期。

[18] 陈劲、阳银娟:《协同创新的理论基础与内涵》,《科学学研究》2012 年第 2 期。

[19] 陈明、郑旭、王颖颖:《关于产学研合作中政府作用的几点思考》,《科技管理研究》2011 年第 12 期。

[20] 党蓓、赵蕴华、赵志耘、郑佳:《基于专利的官产学合作关系测度研究——以中韩石墨烯领域为例》,《情报杂志》2014 年第 5 期。

[21] 党兴华、弓志刚:《多维邻近性对跨区域技术创新合作的影响——基于中国共同专利数据的实证分析》,《科学学研究》2013 年第 10 期。

[22] 邓颖翔、朱桂龙:《基于专利数据的中国产学研合作研究》,《科学学与科学技术管理》2009 年第 12 期。

[23] 董保宝、葛宝山、王侃:《资源整合过程、动态能力与竞争优势:机理与路径》,《管理世界》2011 年第 3 期。

[24] 董立平:《地方高校转型发展与建设应用技术大学》,《教育研究》2014 年第 8 期。

[25] 董英南、逯宇铎、刘大志:《三螺旋视阈下知识溢出效果研究》,《大连理工大学学报》(社会科学版) 2016 年第 1 期。

[26] 杜勇宏:《基于三螺旋理论的创新生态系统》,《中国流通经济》2015 年第 1 期。

[27] 樊霞、赵丹萍、何悦:《企业产学研合作的创新效率及其影响因素研究》,《科研管理》2012 年第 2 期。

[28] 范柏乃、余钧:《三重螺旋模型的理论构建、实证检验及修正路径》,《科学学研究》2014 年第 10 期。

[29] 方卫华:《创新研究的三螺旋模型:概念、结构和公共政策含义》,《自然辩证法研究》2003 年第 11 期。

[30] 封伟毅、李建华、赵树宽:《技术创新对高技术产业竞争力的影响——基于中国 1995—2010 年数据的实证分析》,《中国软科学》2012 年第 9 期。

[31] 冯楚建、蒋艳辉:《引入"在线社会网络"的三重螺旋创新系统模型研究》,《科研管理》2014 年第 11 期。

[32] 傅首清:《中关村国家自主创新示范区核心区产学研合作体系的建设与发展》,《中国高校科技与产业化》2009 年第 8 期。

[33] 傅首清:《区域创新网络与科技产业生态环境互动机制研究——以中关村海淀科技园区为例》,《管理世界》2010 年第 6 期。

[34] 甘永涛:《论创业型大学研究的理论架构》,《科学学研究》2011 年第 11 期。

[35] 高霞:《我国产学研协同创新的研究脉络与现状评述》,《科学管理研究》2014 年第 5 期。

[36] 高旭东:《政府在我国企业发展自主核心技术中的作用:一个分析框架》,《北京邮电大学学报》(社会科学版) 2011 年第 6 期。

[37] 何郁冰：《产学研协同创新的理论模式》，《科学学研究》2012 年第 2 期。

[38] 何郁冰、丁佳敏：《创业型大学如何构建创业教育生态系统?》，《科学学研究》2015 年第 7 期。

[39] 何郁冰、张迎春：《网络类型与产学研协同创新模式的耦合研究》，《科学学与科学技术管理》2015 年第 2 期。

[40] 劳埃特·雷德斯多夫、马丁·迈耶尔：《三螺旋模式与知识经济》，周春彦译，《东北大学学报》（社会科学版）2010 年第 1 期。

[41] 贺德方：《基于 USPTO 专利数据的全球技术创新态势分析及我国的对策研究》，《中国软科学》2012 年第 8 期。

[42] 亨利·埃茨科威茨：《三螺旋：大学、产业、政府三元一体的创新模式》，周春彦译，东方出版社 2005 年版。

[43] 亨利·埃茨科威茨：《国家创新模式——大学、产业、政府"三螺旋"创新战略》，周春彦译，东方出版社 2014 年版。

[44] 亨利·埃茨科威茨：《创业型大学与创新的三螺旋模型》，王平聚、李平译，《科学学研究》2009 年第 27 卷第 4 期。

[45] 洪银兴：《产学研协同创新的经济学分析》，《经济科学》2014 年第 1 期。

[46] 胡曙虹、黄丽、杜德斌：《全球科技创新中心建构的实践——基于三螺旋和创新生态系统视角的分析：以硅谷为例》，《上海经济研究》2016 年第 3 期。

[47] 黄瑞华、苏世彬：《合作创新中隐性知识转移引发的商业秘密风险主要影响因素分析》，《科研管理》2008 年第 1 期。

[48] 黄涛：《论官产学三重逻辑的互动及政策启示》，《自然辩证法研究》2013 年第 9 期。

[49] 黄英杰：《走向创业型大学：中国的应对与挑战》，《清华大学教育研究》2012 年第 2 期。

[50] 黄兆信、曾纪瑞、曾尔雷：《以岗位创业为导向的人才培养体

系研究与实践——以温州大学为例》,《教育研究》2013 年第 6 期。

[51] 江诗松、李燕萍、龚丽敏:《中国产学研联结的发展历程、模式演化和经验教训》,《自然辩证法研究》2014 年第 4 期。

[52] 康健、胡祖光:《基于区域产业互动的三螺旋协同创新能力评价研究》,《科研管理》2014 年第 5 期。

[53] 李海波、周春彦、李星洲、高晓瑾、张红波:《区域创新测度的新探索——三螺旋理论视角》,《科学与管理》2011 年第 6 期。

[54] 李华晶、王睿:《知识创新系统对我国大学衍生企业的影响——基于三螺旋模型的解释性案例研究》,《科学管理研究》2011 年第 1 期。

[55] 李培凤:《我国大学跨界协同创新的耦合效应研究——基于 SCI 合作论文的互信息计量》,《复旦教育论坛》2015 年第 2 期。

[56] 李平、宫旭红、张庆昌:《基于国际引文的技术知识扩散研究:来自中国的证据》,《管理世界》2011 年第 12 期。

[57] 李世超、蔺楠:《我国产学研合作政策的变迁分析与思考》,《科学学与科学技术管理》2011 年第 11 期。

[58] 李万、常静、王敏杰、朱学彦、金爱民:《创新 3.0 与创新生态系统》,《科学学研究》2014 年第 12 期。

[59] 李小丽:《三螺旋模式下大学专利技术转移组织构建的理论框架分析》,《自然辩证法通讯》2016 年第 1 期。

[60] 李小丽、余翔:《区域三螺旋强度及 TTO 特征对 TTO 效率的影响研究》,《科研管理》2014 年第 9 期。

[61] 李焱:《中关村指数发布中关村经济"晴雨"》,《投资北京》2013 年第 10 期。

[62] 李政刚、谯涵丹:《公立研究机构改革与政府职能定位:审视与重构》,《重庆科技学院学报》(社会科学版)2015 年第

9 期。

［63］李志远：《科技资源整合对企业创新绩效的影响机理研究》，博士学位论文，吉林大学，2012 年。

［64］梁镜源：《中国创业型大学建设的基本模式及发展取向研究》，硕士学位论文，东北师范大学，2013 年。

［65］廖娟、付丙海、崔有祥、谢富纪：《基于三螺旋理论的区域协同创新效率评价研究》，《科技与经济》2015 年第 3 期。

［66］林学军：《基于三重螺旋创新理论模型的创新体系研究》，博士学位论文，暨南大学，2010 年。

［67］林学军：《基于三重螺旋创新理论模型的创新体系研究》，暨南大学出版社 2010 年版。

［68］刘丹鹤、杨舰：《区域科技投入指南与科技资源整合机制——以北京市为例》，《科学学与科学技术管理》2007 年第 S1 期。

［69］刘凤朝、马荣康、姜楠：《基于"985 高校"的产学研专利合作网络演化路径研究》，《中国软科学》2011 年第 7 期。

［70］刘慧、陈晓华、吴应宇：《基于异质性视角的中国企业创新决策机制研究》，《中南财经政法大学学报》2013 年第 3 期。

［71］刘伟、曹建国、吴荫芳：《搭建国际技术转移平台实践科技服务社会宗旨——清华大学对俄科技合作十年回眸与思考》，《研究与发展管理》2010 年第 2 期。

［72］刘娅：《从国际科技合著论文状况看中国环境领域国际科技合作态势》，《中国软科学》2011 年第 6 期。

［73］刘叶、邹晓东：《探寻创业型大学的"中国特色与演变路径"——基于国内三所研究型大学学术创业实践的考察》，《高等工程教育研究》2014 年第 3 期。

［74］刘则渊、陈悦：《新巴斯德象限：高科技政策的新范式》，《管理学报》2007 年第 3 期。

［75］柳岸：《我国科技成果转化的三螺旋模式研究——以中国科学院为例》，《科学学研究》2011 年第 8 期。

［76］栾春娟、陈悦、刘则渊：《三螺旋创新模式下的全球学术界专利竞争》，《情报杂志》2008 年第 4 期。

［77］罗彦如、冉茂盛、黄凌云：《中国区域技术创新效率实证研究——三阶段 DEA 模型的应用》，《科技进步与对策》2010年第 14 期。

［78］吕荣胜、刘惠冉：《产学研合作模式与官学研产合作模式对比分析及适用性研究》，《科技进步与对策》2014 年第 12 期。

［79］马佰莲：《制约科技创新的关键是管理制度的变革——近十年中国高校和研究机构科技创新能力的比较》，《北京科技大学学报》（社会科学版）2013 年第 1 期。

［80］马飞虹：《官产学合作创新系统建模与仿真方法研究》（上），《计算机仿真》2012 年第 9 期。

［81］马飞虹：《官产学合作创新系统建模与仿真方法研究》（下），《计算机仿真》2012 年第 10 期。

［82］马鸿佳、董保宝、葛宝山：《资源整合过程、能力与企业绩效关系研究》，《吉林大学社会科学学报》2011 年第 4 期。

［83］马陆亭：《应用技术大学建设的若干思考》，《中国高等教育》2014 年第 10 期。

［84］马伟、王庆金：《协同创新视角下企业可持续发展研究》，《财经问题研究》2014 年第 7 期。

［85］马迎贤：《组织间关系：资源依赖视角的研究综述》，《管理评论》2005 年第 2 期。

［86］马永斌、王孙禺：《浅谈大学、政府和企业三者间关系研究》，《清华大学教育研究》2007 年第 5 期。

［87］毛燕琼：《加入 WTO 十年国际对华贸易摩擦回顾与展望》，《世界经济研究》2011 年第 11 期。

［88］孟卫东、佟林杰：《三螺旋视阈下外部资金对高校学术创新绩效影响因素的实证研究》，《中国科技论坛》2014 年第 3 期。

［89］牛盼强、谢富纪：《创新三重螺旋模型研究新进展》，《研究

与发展管理》2009 年第 5 期。

［90］潘东华、尹大为：《三螺旋接口组织与创新机制》，《科研管理》2009 年第 1 期。

［91］潘杰义、杨青青、司公奇：《基于集对分析法的产学研合作创新风险综合评价研究》，《科技管理研究》2008 年第 10 期。

［92］彭龙、邱怡：《限制资源出口的动态博弈和应对策略》，《北京邮电大学学报》（社会科学版）2012 年第 2 期。

［93］彭绪梅：《创业型大学的兴起与发展研究》，博士学位论文，大连理工大学，2008 年。

［94］让 - 费朗索瓦·米格尔、筱崎 - 奥户美子、诺拉·纳瓦耶茨、路易茨·弗里哥勒托、陈德言：《联名发表论文是科学家国际合作的重要评价指标》，《世界研究与开发报导》1989 年第 4 期。

［95］饶凯、孟宪飞、Piccaluga Andrea：《政府研发投入对中国大学技术转移合同的影响——基于三螺旋理论的视角》，《科学学与科学技术管理》2012 年第 8 期。

［96］饶扬德：《企业资源整合过程与能力分析》，《工业技术经济》2006 年第 9 期。

［97］饶扬德：《新资源观与企业资源整合》，《软科学》2006 年第 5 期。

［98］汤易兵：《区域创新视角的我国政府—产业—大学关系研究》，博士学位论文，浙江大学，2007 年。

［99］唐震、汪洁、王洪亮：《EIT 产学研协同创新平台运行机制案例研究》，《科学学研究》2015 年第 1 期。

［100］陶春：《企业协同创新的实现途径》，《中国科技论坛》2013 年第 9 期。

［101］涂俊、吴贵生：《三重螺旋模型及其在我国的应用初探》，《科研管理》2006 年第 3 期。

［102］涂俊、吴贵生：《基于 DEA - Tobit 两步法的区域农业创新系

统评价及分析》,《数量经济技术经济研究》2006 年第 4 期。

[103] 涂振洲、顾新:《基于知识流动的产学研协同创新过程研究》,《科学学研究》2013 年第 9 期。

[104] 汪敏:《基于三螺旋理论的产学研合作模式及绩效评价研究》,硕士学位论文,华中科技大学,2010 年。

[105] 王成军:《三重螺旋:官产学伙伴关系研究》,浙江大学出版社 2005 年版。

[106] 王成军:《官产学三重螺旋研究:知识与选择》,社会科学文献出版社 2005 年版。

[107] 王成军:《官产学三重螺旋创新系统模型研究》,《科学学研究》2006 年第 2 期。

[108] 王成军、黄宝东:《基于 SCI2000 的官产学三重螺旋关系比较研究》,《科技进步与对策》2006 年第 2 期。

[109] 王成军、黄宝东、邱瑜:《基于网络计量的三重螺旋比较研究》,《技术与创新管理》2006 年第 3 期。

[110] 王飞绒、吕海萍、龚建立:《政府在产学研联合中的影响分析——基于浙江省产学研调查情况》,《中国科技论坛》2003 年第 3 期。

[111] 王海琴:《斯坦福大学尖塔战略对三螺旋问题的历史解答——在学术与经济二维目标视域下》,《自然辩证法研究》2016 年第 4 期。

[112] 王鹏、张剑波:《外商直接投资、官产学研合作与区域创新产出——基于我国十三省市面板数据的实证研究》,《经济学家》2013 年第 1 期。

[113] 王向华:《基于三螺旋理论的区域智力资本协同创新机制研究》,博士学位论文,天津大学,2012 年。

[114] 王雁、李晓强:《创业型大学的典型特征和基本标准》,《科学学研究》2011 年第 2 期。

[115] 巫明川:《具有地方特色的创业教育——以温州大学为例》,

《创新与创业教育》2010 年第 2 期。

[116] 吴瑞芹、张仁开：《上海发展创新集群的战略研究》，《区域经济》2008 年第 6 期。

[117] 吴玉鸣：《官产学 R&D 合作、知识溢出与区域专利创新产出》，《科学学研究》2009 年第 10 期。

[118] 肖丁丁、朱桂龙：《产学研合作创新效率及其影响因素的实证研究》，《科研管理》2013 年第 1 期。

[119] 肖玲诺、史建锋、孙玉忠：《基于 BP 神经网络的产学研知识创新联盟风险评价研究》，《中国软科学》2011 年第 12 期。

[120] 肖玲诺、史建锋、孙玉忠、于瀚：《产学研知识创新联盟知识链运作的风险控制机制》，《中国科技论坛》2013 年第 3 期。

[121] 肖敏：《创新型国家建设的 R&D 资源配置研究》，博士学位论文，上海交通大学，2010 年。

[122] 熊婵、买忆媛、何晓斌、肖仁桥：《基于 DEA 方法的中国高科技创业企业运营效率研究》，《管理科学》2014 年第 2 期。

[123] 徐辉、王正青：《大学—产业—政府的三重螺旋：内涵、层次与大学的变革》，《西南大学学报》（社会科学版）2007 年第 5 期。

[124] 许侃、聂鸣：《互信息视角下的大学—产业—政府三螺旋关系：中韩比较研究》，《情报杂志》2013 年第 4 期。

[125] 严欣平、陈显明：《深化改革　走应用技术型高校发展之路》，《中国高等教育》2014 年第 Z2 期。

[126] 杨兴林：《关于创业型大学的四个基本问题》，《高等教育研究》2012 年第 12 期。

[127] 叶文辉、郭唐兵：《我国农田水利运营效率的实证研究——基于 2003—2010 年省际面板数据的 DEA – TOBIT 两阶段法》，《山西财经大学学报》2014 年第 2 期。

[128] 叶鹰、鲁特·莱兹多夫、武夷山：《三螺旋模型及其量化分

析方法研讨》，《中国软科学》2014 年第 11 期。

[129] 易朝辉：《资源整合能力、创业导向与创业绩效的关系研究》，《科学学研究》2010 年第 5 期。

[130] 殷朝晖：《研究型大学与政府研究机构的关系——国际比较研究》，《自然辩证法研究》2006 年第 4 期。

[131] 殷辉：《基于演化博弈理论的产学研合作形成机制的研究》，博士学位论文，浙江大学，2014 年。

[132] 原长弘、章芬、姚建军、孙会娟：《政产学研用协同创新与企业竞争力提升》，《科研管理》2015 年第 12 期。

[133] 张公一、孙晓欧：《科技资源整合对企业创新绩效影响机制实证研究》，《中国软科学》2013 年第 5 期。

[134] 张建新、孙树栋：《产学研合作过程中的风险研究》，《经济纵横》2010 年第 6 期。

[135] 张俊瑞、刘彬、程子健：《企业 R&D 投入影响因素及其经济效果研究评述》，《情报杂志》2013 年第 12 期。

[136] 张琳：《产学研合作中政府角色定位研究》，经济科学出版社 2012 年版。

[137] 张米尔、武春友：《技术入股型产学研合作创新的道德风险分析》，《研究与发展管理》2001 年第 2 期。

[138] 张铁男、陈娟：《基于三螺旋模型的大学科技园孵化模式研究》，《情报杂志》2011 年第 2 期。

[139] 张文强：《中国产业技术创新与产学研结合的理论与实践》，中国社会科学出版社 2013 年版。

[140] 张煊、孙跃：《产学研合作网络的创新效率研究——来自中国省域产学研合作的数据证明》，《山西财经大学学报》2014 年第 6 期。

[141] 张学文、陈劲：《面向创新型国家的产学研协同创新：知识边界与路径研究》，经济科学出版社 2014 年版。

[142] 张永凯、陈润羊：《世界科技强国科技政策的趋同趋势及我

国的应对策略》,《科技进步与对策》2013 年第 2 期。

[143] 张在群:《政府引导下的产学研协同创新机制研究》,博士学位论文,大连理工大学,2013 年。

[144] 赵强、孙莹、尹永强:《科技资源整合与产学研合作问题研究》,东北大学出版社 2014 年版。

[145] 周春彦:《大学—产业—政府三螺旋创新模式——亨利·埃茨科维兹〈三螺旋〉评介》,《自然辩证法研究》2006 年第 4 期。

[146] 周春彦:《亨利·埃茨科威茨三螺旋创新模式的理论探讨》,《东北大学学报》(社会科学版)2008 年第 4 期。

[147] 周春彦、李海波、李星洲、高晓瑾:《国内外三螺旋研究的理论前沿与实践探索》,《科学与管理》2011 年第 4 期。

[148] 周寄中:《科技资源论》,陕西人民教育出版社 1999 年版。

[149] 庄涛、吴洪:《基于专利数据的我国官产学研三螺旋测度研究——兼论政府在产学研合作中的作用》,《管理世界》2013 年第 8 期。

[150] 庄涛、吴洪:《基于互信息的官产学研三螺旋国际合作测度研究》,《情报杂志》2013 年第 12 期。

[151] 庄涛、吴洪、胡春:《高技术产业产学研合作创新效率及其影响因素研究——基于三螺旋视角》,《财贸研究》2015 年第 1 期。

[152] 邹波、郭峰、王晓红、张巍:《三螺旋协同创新的机制与路径》,《自然辩证法研究》2013 年第 7 期。

[153] 邹晓东、陈汉聪:《创业型大学:概念内涵、组织特征与实践路径》,《高等工程教育研究》2011 年第 3 期。

[154] 邹晓东、翁默斯、姚威:《我国"革新式"创业型大学的转型路径——一个多案例的制度考察》,《高等工程教育研究》2014 年第 2 期。

[155] 邹益民、张智雄:《创新三螺旋模型的计量研究与实践进

展》,《情报杂志》2013 年第 4 期。

[156] Barney, "Firm Resources and Sustained Competitive Advantage", *Journal of Managemen*, Vol. 17, No. 1, 1991, pp. 99 – 120.

[157] Brimble, P., Doner, R. F., "University – industry Linkages and Economic Development: The case of Thailand", *World Development*, Vol. 35, No. 6, 2007, pp. 1021 – 1036.

[158] Brush, T. H., Artz, K. W., "Toward a Contingent Resource Based Theory: The Impact of Information Asymmetry on the Value of Capabilities in Veterinary Medicine", *Strategic Management Journal*, Vol. 20, No. 3, 1999, pp. 223 – 250.

[159] Cai, Y. Z., Liu, C., "The Roles of Universities in Fostering Knowledge – Intensive Clusters in Chinese Regional Innovation Systems", *Science and Public Policy*, Vol. 42, No. 1, 2015, pp. 15 – 29.

[160] Chen, S. H., Huang, M. H., Chen, D. Z., "Driving Factors of External Funding and Funding Effects on Academic Innovation Performance in University – Industry – Government Linkages", *Scientometrics*, Vol. 94, No. 3, 2013, pp. 1077 – 1098.

[161] Choi, S., "Core – Periphery, New Clusters, or Rising Stars: International Scientific Collaboration among 'Advanced' Countries in the Era of Globalization", *Scientometrics*, Vol. 90, No. 1, 2012, pp. 25 – 41.

[162] Chung, C. J., "An Analysis of the Status of the Triple Helix and University – Industry – Government Relationships in Asia", *Scientometrics*, Vol. 99, No. 1, 2014, pp. 139 – 149.

[163] Elizabeth Garnsey, Heffernan J. Littner Paul, "Growth Setbacks in New Firms", *Futures*, Vol. 37, No. 7, 2005, pp. 675 – 697.

[164] Furukawa, T., Shirakawa, N., Okuwada, K., "Quantitative Analysis of Collaborative and Mobility Networks", *Scientometrics*,

Vol. 87, No. 3, 2011, pp. 451 – 466.

[165] Gao, X., Guo, X., Guan, J. C., "An Analysis of the Patenting Activities and Collaboration Among Industry – University – Research Institutes in the Chinese ICT Sector", *Scientometrics*, Vol. 98, No. 1, 2014, pp. 247 – 263.

[166] Guan, J. C., He, Y., "Patent – Bibliometric Analysis on the Chinese Science – Technology Linkages", *Scientometrics*, Vol. 72, No. 3, 2007, pp. 403 – 425.

[167] Hitt, Michael A., Biermant Leonard, Shimizu Katsuhiko, Kochhar Rahul, "Direct and Moderating Effects of Human Capital on Strategy and Performance in Professional Service Firms: A Resource – Based Perspective", *Academy of Management Journal*, Vol. 44, No. 1, 2001, pp. 13 – 28.

[168] Huang, M. H., Sung, H. Y., Wang, C. C., Chen, D. Z., "Exploring Patent Performance and Technology Interactions of Universities, Industries, Governments and Individuals", *Scientometrics*, Vol. 96, No. 1, 2013, pp. 11 – 26.

[169] Ivanova, I. A., Leydesdorff, L., "A Simulation Model of the Triple Helix of University – Industry – Government Relations and the Decomposition of the Redundancy", *Scientometrics*, Vol. 99, No. 3, 2014, pp. 927 – 948.

[170] Khan, G. F., Park, H. W., "Editorial: Triple Helix and Innovation in Asia Using Scientometrics, Webometrics, and Informetrics", *Scientometrics*, Vol. 90, No. 1, 2012, pp. 1 – 7.

[171] Khan, G. F., Park, H. W., "The E – Government Research Domain: A Triple Helix Network Analysis of Collaboration at the Regional, Country, and Institutional Levels", *Government Information Quarterly*, Vol. 30, No. 2, 2013, pp. 182 – 193.

[172] Khan, G. F., Park, H. W., "Measuring the Triple Helix on

the Web: Longitudinal Trends in the University – Industry – Government Relationship in Korea", *Journal of the American Society for Information Science and Technology*, Vol. 62, No. 12, 2011, pp. 2443 – 2455.

[173] Kodama, T., "The Role of Intermediation and Absorptive Capacity in Facilitating University – Industry Linkages – An Empirical Study of Tama in Japan", *Research Policy*, Vol. 37, No. 8, 2008, pp. 1224 – 1240.

[174] Kwon, K. S., Park, H. W., So, M., Leydesdorff, L., "Has Globalization Strengthened South Korea's National Research System? National and International Dynamics of the Triple Helix of Scientific Co – Authorship Relationships in South Korea", *Scientometrics*, Vol. 90, No. 1, 2012, pp. 163 – 176.

[175] Lei, X. P., Zhao, Z. Y., Zhang, X., Chen, D. Z., Huang, M. H., Zhao, Y. H., "The Inventive Activities and Collaboration Pattern of University – Industry – Government in China Based on Patent Analysis", *Scientometrics*, Vol. 90, No. 1, 2012, pp. 231 – 251.

[176] Leydesdorf Loet, "The Triple Helix: A Evolutionary Model of Innovation", *Research Policy*, No. 29, 2000, pp. 243 – 255.

[177] Leydesdorff, L., "The University – Industry Knowledge Relationship: Analyzing Patents and the Science Base of Technologies", *Journal of the American Society for Information Science and Technology*, Vol. 55, No. 11, 2004, pp. 991 – 1001.

[178] Leydesdorff, L., "The Mutual Information of University – Industry – Government Relations: An Indicator of the Triple Helix Dynamics", *Scientometrics*, Vol. 58, No. 2, 2003, pp. 445 – 467.

[179] Leydesdorff, L., Ivanova, I. A., "Mutual Redundancies in Interhuman Communication Systems: Steps Toward a Calculus of

Processing Meaning", *Journal of the Association for Information Science and Technology*, Vol. 65, No. 2, 2014, pp. 386 – 399.

[180] Leydesdorff, L., Kushnir, D., Rafols, I., "Interactive Overlay Maps for US Patent (USPTO) Data Based on International Patent Classification (IPC)", *Scientometrics*, Vol. 98, No. 3, 2014, pp. 1583 – 1599.

[181] Leydesdorff, L., Meyer, M., "The Triple Helix of University – Industry – Government Relations", *Scientometrics*, Vol. 58, No. 2, 2003, pp. 191 – 203.

[182] Leydesdorff, L., Meyer, M., "A reply to Etzkowitz' Comments to Leydesdorff and Martin (2010): Technology Transfer and the end of the Bayh – Dole Effect", *Scientometrics*, Vol. 97, No. 3, 2013, pp. 927 – 934.

[183] Leydesdorff, L., Rafols, I., "Local Emergence and Global Diffusion of Research Technologies: An Exploration of Patterns of Network Formation", *Journal of the American Society for Information Science and Technology*, Vol. 62, No. 5, 2011, pp. 846 – 860.

[184] Leydesdorff, L., Sun, Y., "National and International Dimensions of the Triple Helix in Japan: University – Industry – Government Versus International Coauthorship Relations", *Journal of the American Society for Information Science and Technology*, Vol. 60, No. 4, 2009, pp. 778 – 788.

[185] Leydesdorff, L., Zhou, P., "Measuring the Knowledge – Based Economy of China in Terms of Synergy among Technological, Organizational, and Geographic Attributes of Firms", *Scientometrics*, Vol. 98, No. 3, 2014, pp. 1703 – 1719.

[186] Leydesdorff, Loet, "The Triple Helix, Quadruple Helix, ⋯, and an N – Tuple of Helices: Explanatory Models for Analyzing

the Knowledge – Based Economy?", *Journal of the Knowledge E-conomy*, *Vol. 3*, *No. 1*, *2012*.

[187] Leydesdorff, Etzkowitz, "Can 'the Public' Be Considered as a Fourth Helix in University – Industry – Government Relations? Report of the Fourth Triple Helix Conference", *Science and Public Policy*, Vol. 30, No. 1, 2003, pp. 55 – 61.

[188] Leydesdorff, Etzkowitz, "The Triple Helix – University – Industry – Government Relations: A Laboratory for Knowledge Based Economic Development", *Easst Review*, No. 14, 1995, pp. 14 – 19.

[189] Li, J. T. , "Global R&D Alliances in China: Collaborations With Universities and Research Institutes", *Ieee Transactions On Engineering Management*, Vol. 57, No. 1, 2010, pp. 78 – 87.

[190] Liang, L. M. , Chen, L. X. , Wu, Y. S. , Yuan, J. P. , "The Role of Chinese Universities in Enterprise – University Research Collaboration", *Scientometrics*, Vol. 90, No. 1, 2012, pp. 253 – 269.

[191] Loet Leydesdorff, Zeng Guoping, "University – Industry – Government Relations in China", *Industry and Higher Education*, Vol. 15, No. 3, 2001, pp. 179 – 182.

[192] Meyer, M. , Grant, K. , Morlacchi, P. , Weckowska, D. , "Triple Helix Indicators As an Emergent Area of Enquiry: A Bibliometric Perspective", *Scientometrics*, Vol. 99, No. 1, 2014, pp. 151 – 174.

[193] Petruzzelli, A. M. , "The Impact of Technological Relatedness, Prior Ties, and Geographical Distance on University – Industry Collaborations: A Joint – Patent Analysis", *Technovation*, Vol. 31, No. 7, 2011, pp. 309 – 319.

[194] Rodrigues, C. , Melo, A. I. , "The Triple Helix Model as Inspiration for Local Development Policies: An Experience – Based

Perspective", *International Journal of Urban and Regional Research*, *Vol. 37*, *No. 5*, *2013*, *pp. 1675 – 1687.*

[195] Salomon, R., Jin, B., "Does Knowledge Spill to Leaders or Laggards? Exploring Industry Heterogeneity in Learning by Exporting", *Journal of International Business Studies*, Vol. 39, No. 1, 2008, pp. 132 – 150.

[196] Shapiro, M. A., "Receiving Information at Korean and Taiwanese Universities, Industry, and GRIs", *Scientometrics*, Vol. 90, No. 1, 2012, pp. 289 – 309.

[197] Shapiro, "The Triple Helix Paradigm in Korea: A Test for New Forms of Capital", *International Journal of Technology Management and Sustainable Development*, No. 3, 2007, pp. 171 – 191.

[198] Shin, J. C., Lee, S. J., Kim, Y., "Knowledge – Based Innovation and Collaboration: A Triple – Helix Approach in Saudi Arabia", *Scientometrics*, Vol. 90, No. 1, 2012, pp. 311 – 326.

[199] Sirmon, David G., Hitt, Michael A., "Managing Resources: Linking Unique Resources, Management, and Wealth Creation in Family Firms", *Entrepreneurship Theory and Practice*, Vol. 27, No. 4, 2003, pp. 339 – 358.

[200] Skoric, M. M., "The Implications of Big Data for Developing and Transitional Economies: Extending the Triple Helix?" *Scientometrics*, Vol. 99, No. 1, 2014, pp. 175 – 186.

[201] Strand, O., Leydesdorff, L., "Where is Synergy Indicated in the Norwegian Innovation System? Triple – Helix Relations Among Technology, Organization, and Geography", *Technological Forecasting and Social Change*, Vol. 80, No. 3, 2013, pp. 471 – 484.

[202] Sun, Y., Negishi, M., "Measuring the Relationships among University, Industry and Other Sectors in Japan's National Innovation System: A Comparison of New Approaches With Mutual In-

formation Indicators", *Scientometrics*, Vol. 82, No. 3, 2010, pp. 677 – 685.

[203] Villarreal, O., Calvo, N., "From the Triple Helix Model to the Global Open Innovation Model: A Case Study Based on International Cooperation for Innovation in Dominican Republic", *Journal of Engineering and Technology Management*, Vol. 35, 2015, pp. 71 – 92.

[204] Wang, Y. D., Huangk, J. S., Chen, Y. T., Pan, X. F., Chen, J., "Have Chinese Universities embraced Their Third Mission? New Insight From a Business Perspective", *Scientometrics*, Vol. 97, No. 2, 2013, pp. 207 – 222.

[205] Yang, Y., Holgaard, J. E., Remmen, A., "What can Triple Helix Frameworks Offer to the Analysis of Eco – Innovation Dynamics? Theoretical and Methodological Considerations", *Science and Public Policy*, Vol. 39, No. 3, 2012, pp. 373 – 385.

[206] Zhang, Y., Zhou, X., Porter, A. L., Gomila, J. M. V., Yan, A., "Triple Helix Innovation in China's Dye – Sensitized Solar Cell Industry: Hybrid Methods With Semantic TRIZ and Technology Roadmapping", *Scientometrics*, Vol. 99, No. 1, 2014, pp. 55 – 75.

后 记

本书是在博士论文基础上修改整理而成的，如今能够顺利出版，凝结了众多人的心血。

首先，衷心感谢我的博士导师吴洪教授。在北京邮电大学经济管理学院读博期间，得到了吴老师的精心指导和悉心关怀，她以渊博的知识、深厚的专业造诣、严谨的治学态度、敏锐的洞察力指引着我不断前行。吴老师对我的学业倾注了大量的心血，我所取得的点滴进步与成绩都与吴老师的教诲密不可分，不仅在学术研究方面对我循循善诱，还在为人处事、教书育人方面对我谆谆教诲。与吴老师交谈，我总有一种如沐春风的感觉，在求学路上，遇到这样一位亦母、亦师、亦友的学者，实为人生幸事。吴老师的睿智、豁达和积极乐观的人生态度，是我终生学习的榜样。

感谢北京邮电大学经济管理学院胡春教授、陈岩教授、茶洪旺教授、苑春荟教授、王长峰教授等老师，他们的传道、授业、解惑都让我受益匪浅。

感谢同我一起奋战的实验室的兄弟姐妹和同班同学，岳宇君、方引青、韩大平、冯艳刚、刘宣江、孙伟、姜鹏飞等，他们的无私帮助和陪伴，使我紧张而忙碌的科研生活不再枯燥，从他们身上得到了很多启发与力量。

感谢中国社会科学出版社，感谢本书责任编辑卢小生主任，正是他的辛勤付出和细致缜密的工作，才使得本书得以面世。

感谢潍坊学院的领导和同事们，他们在日常工作和生活中给予了我无私的支持与帮助。同时，本书也为潍坊学院博士科研基金项目"三螺旋视角下地方高校建设创业型大学理论与实践研究"研究成果之一。

　　最后，还要深深感谢我的父母、岳父母和妻子朱林泉女士。在职攻读博士学位，学习、工作、家庭三线作战深感力不从心，幸而得到了家人们的理解与支持，使我可以潜心写作，顺利完成博士论文，他们一直以来的无私奉献和默默付出支持着我不断前行。

庄涛

2017 年 5 月